"十四五"职业教育山西省规划教材

大学美育与实践

主　编　莫殿霞　武学文
副主编　刘　瑜　王　玮　赵海英
参　编　王一红　栾　波　薛晓东

北京理工大学出版社
BEIJING INSTITUTE OF TECHNOLOGY PRESS

内 容 提 要

本书共分为美与山西、自然之美、生活之美、人文之美、非遗之美、建筑之美、工艺之美和艺术之美八个模块 18 个单元，并设置 8 个美的实践单元。每个单元从【印象】【视窗】【欣赏】【内化】四个环节展开讲解，单元后面设有学习检测二维码。美的实践单元将理论赏析扩展到美育体验，符合职业教育特色的认知规律及育人目标，突出以"学生为中心"的教学实践，由任务确立、任务实施、总结评价反馈等形成完整的实践链。

本书可作为高职高专院校、技术应用型本科院校学生学习美育知识的教材。

图书在版编目（CIP）数据

大学美育与实践 / 莫殿霞，武学文主编 . -- 北京：
北京理工大学出版社，2025.1
　　ISBN 978-7-5763-3583-5

Ⅰ.①大… Ⅱ.①莫… ②武… Ⅲ.①美育－高等学
校－教材 Ⅳ.① G40-014

中国国家版本馆 CIP 数据核字（2024）第 045663 号

责任编辑： 王梦春　　　　　　**文案编辑：** 邓　洁
责任校对： 刘亚男　　　　　　**责任印制：** 王美丽

出版发行 / 北京理工大学出版社有限责任公司
社　　址 / 北京市丰台区四合庄路 6 号
邮　　编 / 100070
电　　话 / （010）68914026（教材售后服务热线）
　　　　　　（010）63726648（课件资源服务热线）
网　　址 / http：//www.bitpress.com.cn
版 印 次 / 2025 年 1 月第 1 版第 1 次印刷
印　　刷 / 河北鑫彩博图印刷有限公司
开　　本 / 889 mm×1094 mm　1/16
印　　张 / 11.5
字　　数 / 271 千字
定　　价 / 49.00 元

前　言

　　大学生美育教育是党和国家历来非常重视的教育工作。2022 年 11 月，教育部办公厅印发《高等学校公共艺术课程指导纲要》，指出："以社会主义核心价值观为引领，弘扬中华美育精神，遵循美育特点，充分发挥公共艺术课程的育人价值，以美育人、以美化人、以美培元，培养德智体美劳全面发展的社会主义建设者和接班人。"为贯彻落实党的二十大精神，推进"三教""五金"改革，配合大学美育教学活动，满足广大师生对优质、丰富的美育资源的需求，编者精心编写了本书。

　　在编写本书的过程中，编者在教学内容、知识结构、体例设计等方面进行了积极的探索与创新，力求使本书凸显中华美育精神，充分体现思想性、民族性、创新性、实践性，对提高学生的审美素养起到积极的推动作用。具体而言，本书具有以下特色。

　　（1）以"根植本土，以美育人"为理念编写，凸显山西地方特色及职业教育特色。本书分为八个模块 18 个单元，从山西的表里山河、自然资源的自然美，山西饮食、器皿、服饰的生活美，晋商及红色文化的人文美，澄泥砚、推光漆、剪纸、面塑、戏曲舞蹈等多方面呈现的非遗美、建筑美、工艺美、艺术美，以多维度的三晋之美进行讲解。每个模块设置"美的实践"项目，通过山西省高职院校开放式美育课程的学习，学生可了解山西地域特色的美育文化，培养公共审美及民族自豪感。

　　（2）以"漆彩纷呈——平遥推光漆器髹饰技艺""晋戏晋韵"两个国家级职业教育在线精品课和国家级教学资源库《百工录》为依托编写而成。纸质教材精选拓展学习内容，将相关视频、图文、练习题库等作为数字化资源，以二维码形式呈现，满足学生在线学习和混合式学习需求。

　　（3）基于美育教育，进一步提升学生感受美、表现美、鉴赏美、创造美的能力，弘扬中华美育精神。从全国来看，美育教材编写工作刚刚起步，本书填补了山西地方特色美育教材编写的空白。

本书由山西铁道职业技术学院莫殿霞、山西艺术职业学院武学文担任主编；由山西铁道职业技术学院刘瑜、王玮，山西艺术职业学院赵海英担任副主编；由山西铁道职业技术学院王一红、山西艺术职业学院栾波、平遥县薛氏漆艺研究院薛晓东参与编写。具体编写分工：模块一由莫殿霞编写；模块二由武学文编写；模块三由王玮编写；模块四由王一红编写；模块五由莫殿霞和薛晓东共同编写；模块六由赵海英编写；模块七由刘瑜编写；模块八由栾波编写。全书由莫殿霞负责统稿工作。

本书编写过程中参考了大量资料，在此对相关作者表示感谢。

由于编者水平有限，书中难免存在疏漏之处，敬请各位读者批评指正。

编　者

目　录

模块三 生活之美

模块四 人文之美

模块五　非遗之美

模块六　建筑之美

模块七　工艺之美

模块八　艺术之美

美的实践

模块一

美与山西

模块导图

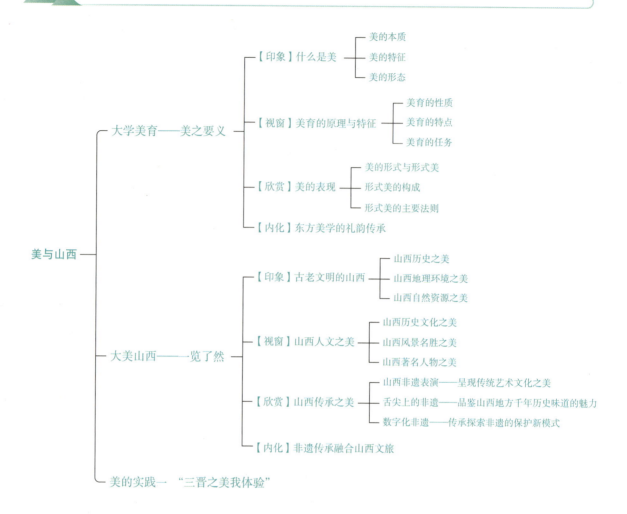

大学美育——美之要义

【印象】什么是美
- 美的本质
- 美的特征
- 美的形态

【视窗】美育的原理与特征
- 美育的性质
- 美育的特点
- 美育的任务

【欣赏】美的表现
- 美的形式与形式美
- 形式美的构成
- 形式美的主要法则

【内化】东方美学的礼韵传承

美与山西

大美山西——一览了然

【印象】古老文明的山西
- 山西历史之美
- 山西地理环境之美
- 山西自然资源之美

【视窗】山西人文之美
- 山西历史文化之美
- 山西风景名胜之美
- 山西著名人物之美

【欣赏】山西传承之美
- 山西非遗表演——呈现传统艺术文化之美
- 舌尖上的非遗——品鉴山西地方千年历史味道的魅力
- 数字化非遗——传承探索非遗的保护新模式

【内化】非遗传承融合山西文旅

美的实践——"三晋之美我体验"

模块目标

● **素质目标**

1. 提升学生对美的感知能力、欣赏水平，培养学生对美的敏感度。

2. 增强学生对山西历史文化的认同感和自豪感，激发学生的社会责任感。

● **知识目标**

1. 了解什么是美，美的本质、特点和表现形式。

2. 了解山西的美、山西非遗传承和艺术的关系。

● **能力目标**

1. 具有认知什么是美及美的概念的分析能力。

2. 美是一种抽象的，并具有主观意识的认知，正确认识艺术美。

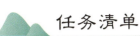

任务清单

完成一项学习任务后，请在对应的方框中打钩。

课前预习	准备学习用品，预习课本相关内容	☐
	通过网络收集有关美和美育的资料	☐
	形成对美和美育的初步印象，并与课本知识相互印证	☐
课中学习	了解美的本质、特点和表现形式	☐
	树立正确的审美观，陶冶高尚的道德情操，塑造美好心灵	☐
	了解大国工匠的故事，传承与弘扬中华优秀传统文化	☐
课后实践	积极、认真地参与实训活动	☐
	提高美育素养，能运用所学知识赏析身边的美	☐

大学美育——美之要义

导学

　　美育可以让心灵得到滋养，灵魂得到升华。通过美育的方式，融情操教育、心灵教育、人格教育等于一体，潜移默化地影响人、陶冶人，促进身心和谐统一和健康发展。通过审美的方式，陶冶人生，培养高尚健康的品格，启迪思想智慧、激发创造活力，全面提升学生的人文素养。山西是中华优秀传统文化的摇篮，饱含着丰富的美育思想。让我们在学会感受身边的美，了解美、爱上美，进而创造美，丰富思想、塑造品格、汲取力量，一起向美而行！

1.1 【印象】什么是美

　　一束刺破黑夜的光，一粒泥土中微微开口吐绿的种子，一朵异香袭人的花，一片慵懒的云，一行直击灵魂的诗，一幅摄人心魄的画，一首真挚动人的曲……这些都能让人发出"真美"的感叹。庄子指出："天地有大美而不言，四时有明法而不议，万物有成理而不说。"柏拉图认为："美具有引人向善的作用和力量。"罗丹曾说："美是到处都有的，只有真诚和富有感情的人才能发现它。"在每一种文化、每一个时代中，人们都在谈论美、追求美。文字、食物、故事、艺术无不凸显美。

一、美的本质

　　古希腊哲学家柏拉图提出了"美是什么"，也就是美的本质问题，这就是著名的"柏拉图之问"。

　　美是指人们在密切接触事物并受其影响产生愉悦和满足的美好体验后，精神也随之发生积极变化的事物属性。简单来说，美就是由客观事物产生的、能够使人们心灵得到净化的心理感受。客观事物是人们产生美感的基础。人们不自觉地被客观事物唤起了美感，获得了美的享受和精神感染。

　　美是一种无形的智慧，是一种无所不在的力量。它伴随着我们的生活，指引着我们前行。美会给我们带来愉悦和满足，但更重要的是能够引导我们走向更美好的未来。让我们始终保持一颗敏感而感恩的心，用心感受和传递美，与美共舞、共创，让美成为我们生活的底色和动力。

　　中国美学植根于特定的社会形态和文化形态之中。中华民族自古以来长期处于一个以宗法血缘关系为纽带的农业社会，中国文化强调人伦关系，中国哲学的中心是探讨人际问题。因此，先秦诸子对美的解说往往是一种理想的人伦关系。儒家所推崇的"中和之美"，是一种道德修养，也是美的尺度。

二、美的特征

美的特征包括形象性、感染性、认同性、时空性和创造性。

（1）形象性。美的事物和现象是可感知的，无论自然美、生活美，还是艺术美，都有一种感性的具体形态，即是通过声、光、色、线、形等物质形式表现出来的。

（2）感染性。美的感染性是指美能够以情感人，并使人们得到精神上的愉悦和升华。

（3）认同性。虽然身处不同社会、不同文化背景的人们对美的具体评价标准有所不同，但美还是具有普遍的社会文化认同性。

（4）时空性。任何美的事物都存在于一定的时空中，因此美具有时空性。美的时空性体现在时间和空间上。

（5）创造性。随着社会的进步，人们对美的追求不断提高，美在人们的生活中不断被创新、美化和完善。美的创造性是人们不断实践的结果，人们会按照自己的意愿和美的规律重新创造自然美、生活美和艺术美。

三、美的形态

美有自然美、社会美、艺术美等不同形态。艺术是对美进行反映的一种文化样式，艺术具有审美性，但并不是说所有美的事物都是艺术。只有对自然美和社会美进行再创造才能构成艺术，没有经过加工和再创造的自然美和社会美都不能称为艺术。

1. 自然美

大自然是人类的摇篮，热爱自然是人类的天性。陶渊明对大自然充满了向往之情，于是有了"少无适俗韵，性本爱丘山"的真情告白。大自然凭借着宜人的景色、蓬勃的生机向世人展示其极具魅力且缤纷多彩的风貌，这是美育欣赏的重要内容（图 1.1）。

图 1.1　自然风光

2. 社会美

在现实美中，除自然美之外，所有社会事物、社会现象的美都属于社会美。具体来说，社会美是一个非常宽泛且抽象的概念，主要涵盖了人的美、实践的美、生活环境的美和精神风貌的美等。

一切社会美都与社会实践相联系，人正是通过实践才创造了物质文明之美、精神文明之美，离开了社会实践，也就无美可言了。但是，不同形态的美与社会实践的联系是不一样的，它们有直接与间接的区别。

认识社会美主要是借助某些社会现象或社会事物去感受其中的社会意义，这里的"社会现象"和"社会事物"必然有其明确、稳定的内容。概括地说，只要是体现了历史发展的规律、彰显了事物本质的事情，就可归为美的范畴（图1.2）。

3. 艺术美

艺术美是一种综合性的审美载体，将自然美、社会美、文化美等内容通过美的形式表达出来，寻求形式美与内容美的统一。如果说自然美、社会美是美育的重要内容，那么艺术美就是美育实践的重要内容。欣赏艺术作品是实施美育的重要途径，对审美教育有特殊意义（图1.3）。

图 1.2　武警官兵抗洪一线

图 1.3　山水画

1.2 【视窗】美育的原理与特征

一、美育的性质

美育是从审美视角来掌握世界的教育，能使受教育者根据美的规律，美化、完善自己的人格，利用审美的眼光发现世界、认识世界和改造世界。素质教育是指注重挖掘个体潜能与优势的教育，倡导个体全面发展，即全面贯彻党的教育方针，坚持以立德树人为根本任务，弘扬中华美育精神，坚定文化自信，通过以美养德、以美启智、以美健体、以美育美、以美促劳，造就全面发展的新时代接班人。

在物质文明高度发达的现代社会，美育对于促进人的全面、和谐发展至关重要。因此，美育在我国学校教育工作中有着其他任何教育都无法替代的地位和作用。

1. 美育是一种人格教育

美育是一种审美的人格教育。它将"美"作为手段，通过审美活动的方式，让美滋润人的心灵，提高人的审美修养，以培养良好情操、塑造美好个性。

在中国，审美教育的理念和实践产生于先秦时代，而且一开始就被视为人格培育的重要方式。中国大教育家孔子指出，学习诗歌就是为了实现审美教育。

直到近代，审美教育才逐渐成为独立的概念。1794年，德国哲学家、美学家席勒出版了历史上第一部以美学教育为研究对象的理论著作——《审美教育书简》。

蔡元培先生是我国近代美育思想的集大成者。他以"教育救国"的根本理念为切入点，对发展美育的重要性进行了深入探讨，主张将美育作为新式教育的重要内容。

从马克思主义文艺理论来看，资本主义追求利益最大化的生产劳动导致了人的异化。美育的根本目的是消除异化劳动带来的人的自由自觉性的丧失，促进人的本质的全面、和谐发展。

2. 美育是一种形式美感教育

美育是以"美"育人的教育。在审美教育活动中，审美主体对美的欣赏必须保持一种非功利的心态，即对对象无所欲、无所求的超然的、静观的心态，也就是不涉及对象的"实质性"内容。

审美欣赏的非功利性不是绝对的。鲁迅曾指出："享乐着美的时候，虽然几乎并不想到功用，但可由科学的分析而被发现。所以美的享乐的特殊性，即在那直接性，然而在美的愉快的根底里，倘不伏着功用，那事物也就不见得美了。"

美感兼具非功利性与功利性的特点充分反映了社会功利的内容并不是一成不变的，它由实用逐步演变为审美，融汇于一种貌似非实用、非功利的个人直观和情感愉悦的形式里，形成非功利的形象。

美育是一种情感教育和形式美感教育有机统一的人格教育。

二、美育的特点

1. 美育的情感体验性

艺术审美教育最鲜明的特征是"以情感人"，这是艺术教育有别于其他教育的关键点。艺术的教育作用并非毫无感情的道德宣教，而是强调以情动人，使欣赏者在艺术的熏陶下升华境界、丰富情感。

在美育过程中，受教育者接受美的过程实际上是一种审美过程，而审美过程就是对对象的情感体验过程，这就决定了美育具有情感体验性特征。当然，审美的情感体验性又是由美的无概念性所决定的。

2. 美育的审美自由性

在审美活动中，人只有成为真正的审美主体，人的主体性才能得到充分的发挥。人的审美自由是与人类的整个社会实践和社会条件紧密相连的，而且体现为一个发展的过程。

审美的自由性特征决定了美育只能以自由而不是强迫的方式进行。美育中受教育者对美的体验及由此产生的爱或恨，都是自由自觉的，不会受到任何束缚，而这就是美育与其他教育之间的根本差别。

审美的自由性决定了美育应在认同并遵循美的发展规律的前提下对人进行科学、合理的教育。美育在本质上是将美的必然性转变为自由。

3. 美育的自我超越性

审美的超越性在很大程度上反映了人要不断探索新的发展空间，不断提升和完善自我，从而实现更自由的本性。对于审美而言，其正面效应主要表现在突破现实束缚的基础上，打造了能够令人们的情感生命自由发展的新的人生维度。

审美超越归根结底是人在生存方面的自我超越。在审美中，不管是对物质的超越还是对现实的超越，皆以人的自我超越为基础。这种自我超越是对个体现实存在的否定，是向着更高自由的生存状态的飞跃。

三、美育的任务

1. 树立正确的审美观

审美观即从审美的角度对世界和人生的看法，其核心是审美理想和审美标准。爱因斯坦说过："照亮我的道路，并且不断地给我新的勇气去愉快地正视生活的理想，是善、美和真。"

人的审美观不是不是一成不变的，而是建立在一定的社会的实践基础之上的，并随实践的发展而发展。以自然美为例，对于经常因肃杀萧瑟的氛围而使古人伤感的秋天，唐代诗人刘禹锡却写道："自古逢秋悲寂寥，我言秋日胜春朝。晴空一鹤排云上，便引诗情到碧霄。"

2. 提高审美感受力和审美鉴赏力

法国雕塑艺术家罗丹曾说："美是到处都有的。对于我们的眼睛，不是缺少美，而是缺少发现。"审美感受力是个体欣赏美、创造美的先决条件。

审美鉴赏力是指审美主体对审美对象的鉴别和欣赏能力。对于美的事物，审美主体既要感知其外在造型，也要探寻其深厚意蕴。

3. 培养审美创造力

美育的主要目标是提高人的创造力，即丰富个体生命，令其拥有强烈的创造动机和创造意识，为其在思想意识、社会实践方面提高创造力夯实重要基础。

创造力一是指在某领域或某方面拥有的创造能力，如思考并处理新问题的思维能力、制作新发明的实践能力等；二是指不断更新且强大、旺盛的生命活力，是个体生命健康的特质，也是前者的形成之源。

审美创造力是人类遵循美的规律开展物质创造、精神创造活动的能力。这种能力是在长期的社会实践中不断丰富和发展起来的。

1.3 【欣赏】美的表现

一、美的形式与形式美

美的形式是体现合规律性、合目的性的本质内容的那种自由的感性形式，也就是显示人的本质力量的感性形式。形式美是一种具有相对独立性的审美对象。它与美的形式之间有质的区别。形式美与美的形式之间的重大区别表现在：首先，它们所体现的内容不同。美的形式所体现的是它所表现的那种事物本身的美的内容，是确定的、个别的、特定的、具体的，并且美的形式与其内容的关系是对立统一，不可分离的。而形式美则不然，形式美所体现的是形式本身所包容的内容，它与美的形式所要表现的那种事物美的内容是相脱离的，而单独呈现出形式所蕴有的朦胧、宽泛的意味。其次，形式美和美的形式存在方式不同。美的形式是美的有机统一体不可缺少的组成部分，是美的感性外观形态，而不是独立的审美对象。形式美是独立存在的审美对象，具有独立的审美特性。

二、形式美的构成

形式美的构成需要依靠一定的自然物质材料，否则人们就无法感知其存在。构成形式美的自然物质因素主要包括色彩、形体、声音。探讨形式美的构成，首先要从讨论这些物质因素着手。

1. 色彩

色彩是构成事物外部感性形式的重要因素之一。色彩的审美特性是十分明显的，能够向我们传达出一定的感情意味，能够引起人的情感反应，因而具有表情性。

2. 形体

形体是构成美的必不可少的感性质料。它直接涉及事物形象的感性外观，展现为千姿百态的美的世界。点、线、面、体是构成事物形体的基本元素。

3. 声音

声音也是美的感性质料，是一种传递物体性状的信息。人们通过不同的声音，可以大致判别事物的性质、状态，以及体积的大小、所处的方位等。

把色彩、线条、形体、声音按照一定的构成规律组合起来，就形成色彩美、线条美、形体美、声音美等形式美。

三、形式美的主要法则

1. 单纯齐一

单纯齐一又称整齐一律，这是最简单的形式美。

如色彩中的某一色，碧绿的湖面，蔚蓝的天空，清澈的泉水等，单纯能使人产生明净、纯洁的感受；齐一是一种整齐的美，如农民插秧，秧苗整齐，既保持了一定的株距，又有利于健康生长，同时在形式上呈现了一种整齐的美。反复也属于整齐的范畴，是同一形式连续出现，如各种二方连续的花边纹饰。齐一、反复能给人以秩序感，在反复中还能体现一定的节奏。

2. 对称均衡

对称指以一条线为中轴，左右或上下两侧均等。

均衡是较对称有变化，比较自由，可以说是对称的变体。特点是两侧的形体不必等同。

3. 调和对比

调和是在差异中趋向于"同"，对比是在差异中倾向于"异"。调和是把两个相接近的东西相并列，如色彩中的橙与黄、黄与绿、绿与蓝、蓝与青，都是邻近的色彩。在同一色中的层次变化如深浅浓淡也属于调和。调和使人感到融合、谐调，在变化中保持一致。杜甫有云："桃花一簇开无主，可爱深红爱浅红。"深红与浅红在一起属于调和。

对比是两种极不相同的东西并列在一起，使人感到鲜明、醒目、振奋、活跃。如色彩中的红与绿、黄与紫、蓝与橙。正如杨万里的诗句"接天莲叶无穷碧，映日荷花别样红"，这是红与绿的对比。还有杜甫的"山青花欲燃，江碧鸟逾白"。声音的对比，如"蝉噪林逾静，鸟鸣山更幽"，寂静是靠声音来烘托出来的。

4. 比例

古代宋玉所谓"增一分则太长，减一分则太短"就是指的比例关系。那么什么样的比例才会引起人的美感呢？西方认为黄金分割的比例最能引起美感。所谓黄金分割，即大小（宽长）的比例相当大小二者之和与大者之间的比例。

5. 节奏韵律

节奏韵律指运动过程中有秩序的连续。节奏感不仅存在于音乐之中、还存在与绘画、建筑、书法等艺术中。音乐如冼星海的《黄河船夫曲》、贺绿汀的《游击队之歌》。绘画如《清明上河图》在形象排列上由静到动，由疏到密，便形成一种节奏感。在节奏的基础上赋予一定的情调的色彩便形成韵律。韵律能给人以情趣，满足人的精神享受。郑板桥所画的无根兰花，在形象排列组合中所表现的那种充满情感的节奏，也就是韵律。

6. 多样统一

多样统一这是形式美法则的高级形式，也称和谐。从单纯齐一，对称均衡到多样统一，类似一生二、二生三、三生万物。多样统一体现了生活、自然对立统一的规律，整个宇宙就是一个多样统一的和谐的整体。"多样"体现了各个方面事物的个性千差万别，"统一"体现了各个方面的共性或整体的联系。多样统一是在辩护变化中求统一。

1.4 【内化】东方美学的礼韵传承

"礼"与"韵"是东方美学的重要组成，随着国家强大、文化自信等因素，东方美学得以传承发展，"礼"与"韵"也延续渗透进大众生活中。

"礼"与"韵"是东方美学的重要组成。中国素有"礼仪之邦"的声誉，在几千年的社会生活中，"礼"一直扮演着重要的角色。国学大师钱穆曾说："要了解中国文化，必须站到更高来看到中国之心。中国文化的核心就是'礼'。"礼包含的各种仪式，"使万物在宇宙均衡和谐的秩序下繁荣滋长，生生不息。"

关于"韵"，北宋著名文学家、书法家黄庭坚曾提出"凡书画当观韵"；明代文学家、文学理论学家陆时雍更是强调"韵"的重要性，"有韵则生，无韵则死"。"韵"是中国古代美学体系中独特的审美范畴，是中国美学高度浓缩的思想结晶，诗词、书法、音乐等均强调"韵"的存在。

对于国家级非遗项目古钟表修复技艺第三代传承人王津（图 1.4）来说，"礼"是工作和生活中的一部分。在文物修复师的工作中，还原是礼待传统，是对文物最大的尊重。为了这份"礼"，王津一直坚持用煤油去修这项传统修复技法。哪怕屋子布满煤油味，哪怕长期接触煤油会对皮肤产生损害，他也宁可伤手，绝不伤害文物，这是匠人对文物的礼待之道。

图 1.4　故宫文物修复师王津

对于时尚摄影师尹超来说，在时尚摄影工作中，除了真正拍摄的半天、一天，前期策划需要花费一两个月构建镜头。为了寻找灵感，尹超走遍了国内许多地方，也了解了中国文化的传承，"中国文化给了我特别多的创作灵感。"尹超觉得，西方美学要更为直白具象，而东方美学则是形而上的，更为含蓄。"用'韵'来表达就特别精准、特别美妙，它是一种气质、一种状态。"当把这些"被忽视的宝藏"作为设计元素融入时尚时，就会有一种既舒服又得体的新体验。

在与时尚的双向奔赴中，尹超不断挖掘东方美学之韵。在镜头的"宇宙"里，非遗、禅、民族文化等展示出独有的中国式叙事；在休息放空时，茶成为尹超的心仪选择之一。

其实，在许多人的生活中，东方美学同样环绕其身边，只是大家未察觉到。如今，越来越多的年轻人热爱中国传统服饰，不少品牌掀起"国潮风"，皆是传统东方文化在现代生活中的传承与创新。

在时间的沉浮中，东方美学跨越千百年依旧值得人们细细品味，"礼韵"传承在历史长河中一直"在路上"。

资料来源：《中国商报》，https://baijiahao.baidu.com/s?id=1752617184955304254&wfr=spider&for=pc.

大美山西——一览了然

导学

山西是中华民族的发祥地之一，历史悠久，人文荟萃，拥有丰厚的历史文化遗产。迄今为止，有文字记载的历史达三千年之久，素有"中国古代文化博物馆"之美称。下川遗址、西侯度文化和丁村文化遗址表明，早在旧石器时代就已有人类在这里繁衍生息。传说中的中华民族始祖黄帝、炎帝都曾把山西作为活动的主要地区。尧、舜、禹都曾在山西境内建都立业。

2.1 【印象】古老文明的山西

一、山西历史之美

山西古代又称并州，古属冀州之域，虞舜以冀州南北太远，分置并州。山西省自古就有人类活动的迹象，并为中华文明的发源地之一。

考古表明，远古时代，山西南部是人类初曙的起源地之一。运城垣曲县"世纪曙猿"化石的发现，把类人猿出现的时间向前推进了 1 000 万年。约在 180 万年前的旧石器时代，原始人群就在山西晋南地区繁衍生息，其中运城芮城县西侯度文化遗址发现的火烧骨，把中国范围内发现的人类用火历史向前推进了 100 万年；在 10 万～2 万年以前的旧石器时代中期，在山西汾河两岸和大同、朔州一带，已出现比较集中的原始人群和村落。新石器时代晚期，山西南部已经成为当时诸多邦国的中心。对临汾襄汾县陶寺遗址发现和研究成果表明，这里是帝尧都城所在地，也是最早的中国所在区域。这使大致在距今 4 500 年前后中国史前传说的尧舜禹时代由传说成为信史，中华 5 000 年文明史由此得到证实。

山西历史

二、山西地理环境之美

1. 地形地貌的美

山西省地处华北西部的黄土高原东翼，地貌从总体来看是一个被黄土广泛覆盖的山地高原，整个轮廓略呈由东北斜向西南的平行四边形。地貌类型复杂多样，有山地、丘陵、高原、盆地、台地等，其中山地、丘陵占80%，高原、盆地、台地等平川河谷占20%。大部分地区海拔在 1 000 米以上，与其东部华北大平原相对比，呈现为强烈的隆起形势。最高处为东北部的五台山叶斗峰，海拔达 3 058 米，是华北最高峰；最低处为南部边缘运城垣曲县东南西阳河入黄河处，海拔仅 180 米。境域地势高低起伏异常显著。

山西省境内山峦叠嶂，丘陵起伏，沟壑纵横，总的地势是"两山夹一川"，东西两侧为山地和丘陵隆起，中部为一列串珠式盆地沉陷，平原分布其间。东部是以太行山为主脉形成的块状山地，由北往南主要有恒山、五台山、系舟山、太行山、太岳山和中条山等，其山势挺拔雄伟，海拔在 1 500 米以上。西部是以吕梁山为主干的黄土高原，自北向南分布有七峰山、洪涛山和吕梁山脉所属的管涔山、芦芽山、云中山、黑茶山、关帝山、紫荆山、龙门山等主要山峰，海拔多在 1 500 米以上，关帝山海拔最，高达 2 831 米。中部由北而南珠串着彼此相隔的大同、忻州、太原、临汾、运城等"多"字形断陷盆地，东南部还有较为独特的长治高原断陷盆地。全省主体轮廓很像一个"凹"字形。

山西省境内中部及东南部的大同、忻州、太原、临汾、运城、晋城、长治盆地，以及分布在东西太行吕梁山两山之间的中小盆地及河流谷地，为省内人口密集和经济发达的地区。

2. 气候特征

山西省地处中纬度地带的内陆，在气候类型上属于温带大陆性季风气候。由于太阳辐射、季风环流和地理因素影响，山西气候具有四季分明、雨热同步、光照充足、南北气候差异显著、冬夏气温悬殊、昼夜温差大的特点。山西省各地年平均气温为 4.2 ～ 14.2 ℃，总体分布趋势为由北向南升高，由盆地向高山降低；全省各地年降水量为 358 ～ 621 毫米，季节分布不均，夏季 6—8 月降水相对集中，约占全年降水量的 60%，且省内降水分布受地形影响较大。

3. 水系水文

山西省境内共有大小河流 1 000 余条，主要特点是河流较多，以季节性河流为主，水量变化的季节性差异大。山西河流源于东西高原山地，向西向南流的属黄河水系，向东流的属海河水系。流域面积在 100 平方千米以上的河流有 250 条；属于黄河水系的有汾河、沁河、涑水河、三川河、昕水河、丹河等 142 条，流域面积为 97 138 平方千米，占全省总面积的 62%；属于海河水系的有桑干河、滹沱河、漳河等 81 条，流域面积为 59 133 平方千米，占全省总面积的 38%。黄河沿山西境界流程为 968 千米，汾河是山西境内第一大河，干流全长为 694 千米。

三、山西自然资源之美

1. 水资源的美

山西省是黄河与海河两大流域的分水岭，省内黄河流域面积 97 138 平方千米，占全省面积的 62.2%，海河流域面积为 59 133 平方千米，占全省面积的 37.8%。除了流经省界西、南两面长达 965 千米的黄河干流，全省流域面积大于 10 000 平方千米的较大河流有 5 条。山西省河流属于自产外流型水系，河流水源来自大气降水，绝大部分河流发源于境内，向省外发散流出。山西省是海河主要支流永定河、大清河、子牙河、漳卫河的发源地，因此也被誉为"华北水塔"。截至 2022 年年末，山西省大型水库蓄水量达 15.9 亿立方米。

2. 植物资源的美

山西省已知的维管植物有 2 700 多种，其中，木本植物有 463 种。山西植被从南到北可分为：

南部和东南部是以落叶阔叶林和次生落叶灌丛为主的夏绿阔叶林或针叶阔叶混交林分布区，也是植被类型最多、种类最丰富的地区；中部是以针叶林及中生的落叶灌丛为主、夏绿阔叶林为次分布区，是森林分布面积较大的地区；北部和西北部是温带灌草丛和半干旱草原分布区，森林植被较少，优势植物是长芒草、旱生蒿类和柠条、沙棘等。山西省野生植物资源丰富，国家一级保护植物有南方红豆杉，国家二级保护植物有连香树、翅果油树、水曲柳、核桃楸、紫椴等。野生药用植物有 1 000 多种，广泛分布在丘陵山地，比较著名的有党参、黄芪、甘草、连翘等。2022 年，山西省森林面积为 322.8 万公顷，森林覆盖率为 20.6%。

3. 动物资源的美

山西省野生动物以陆栖类为主，已知的有 439 种（含历史记录种）。属于国家重点保护的珍稀动物有 71 种，其中，一级保护动物有 17 种：褐马鸡、金雕、朱鹮、白鹳、黑鹳、玉带海雕、白尾海雕、虎头海雕、丹顶鹤、大鸨、胡兀鹫、遗鸥、虎、金钱豹、梅花鹿、原麝、林麝。二级保护动物有 54 种，包括鸟类 42 种、两栖类 1 种、兽类 11 种。属于省级重点保护的有苍鹭、星头啄木鸟等 27 种。属于有益的，有重要经济价值、科学研究价值的野生动物有 315 种。

4. 矿产资源的美

山西省已发现的矿种达 120 种，其中有探明资源储量的矿产 63 种。资源储量居中国第一位的矿产有煤层气、铝土矿、耐火黏土、镁矿、冶金用白云岩等 5 种。保有资源储量居全国前 10 位的主要矿产为煤、煤层气、铝土矿、铁矿、金红石等 32 种。其中，煤炭保有资源储量 2 709.01 亿吨，占全国保有资源储量的 17.3%，居全国第三；煤层气剩余经济可采储量为 2 304.09 亿立方米，居全国第一；铝土矿资源保有储量 15.27 亿吨（矿石量），居中国第一，占全国保有资源储量的 32.44%；铁矿保有资源储量为 39.37 亿吨，居全国第八；铜矿集中分布于山西省中条山区，保有资源储量为 229.94 万吨（金属量）；金红石保有资源储量为 426.38 万吨，居全国第二。煤、铝土矿等沉积矿产分布广泛，铁矿、铜矿等重要矿产分布相对集中，但是重要金属矿产贫矿多、富矿少，共伴生矿多、单一矿少。

5. 国土资源的美

2022 年 1 月 27 日，山西省公布第三次国土调查主要数据，包括耕地、园地、林地、草地、湿地、城镇村工矿用地、交通运输用地、水域及水利设施用地。其中，全省耕地面积为 5 800 余万亩。山西全省面积耕地共 5 804.25 万亩。其中，水田 7.53 万亩，占比为 0.13%；水浇地 1 571.73 万亩，占比 27.08%；旱地 4 225.00 万亩，占比 72.79%。忻州、临汾、吕梁、朔州、运城 5 个市耕地面积较大，占全省耕地的 61%。

2.2 【视窗】山西人文之美

一、山西历史文化之美

山西是人类和华夏文明发祥的最早起源地和中心区域之一。考古表明，远古时代，山西南部是人类初曙的起源地。运城垣曲县"世纪曙猿"化石的发现，把类人猿出现的时间向前推进了

1 000 万年。

1. 山西方言

山西省大部地区使用晋语，晋南大部地区使用中原官话，广灵县使用冀鲁官话。晋语是中国北方的一个非官话方言。晋语有别于官话的最大特点就是保留入声。多数晋语有 5 个声调。晋语的声调有极复杂的连续变调现象。晋语古浊音今读塞音、塞擦音的字平声不送气。晋语保留诸多古汉语特征。

2. 山西戏曲

山西省是中国戏曲艺术的发祥地之一，被称为"戏曲摇篮"。汉代时山西大地戏曲萌芽；北宋年间，山西各地活跃多种土戏——这些土戏是中国戏曲的雏形；元代时山西成了全国戏曲艺术的中心，全国所发现的元代戏台基本在山西（晋南）；至明代时，山西蒲州、陕西同州、河南陕州一带的民间艺人把北杂剧唱腔进行改革，演变出了蒲州梆子戏；蒲州梆子后分别与晋中、晋北、晋东南等地的土戏相结合，逐步形成中路梆子、北路梆子、上党梆子。清朝中叶，中国戏曲开始了"花部"（梆子戏）和"雅部"（昆曲）之争，山西民间赛戏之风也盛行开来，大村镇往往同时邀两个戏班演出，唱"对台戏"。1980 年普查显示，山西地方剧种达 54 个，占 300 多个剧种的 1/6。

二、山西风景名胜之美

山西省被称为"中国古代建筑艺术博物馆"，境内保存完好的宋、金以前的地面古建筑物占中国的 70% 以上。至 2013 年年底，山西省存有全国重点文物保护单位 452 处。忻州五台山为四大佛教圣地之一，大同云冈石窟是三大佛教石窟之一，大同北岳恒山为中国五岳之一，悬空寺为国内仅存的"儒、释、道"三教合一寺庙，晋中平遥古城是现存三座古城之一，运城解州关帝庙是规模最大的武庙。皇城相府、乔家大院、渠家大院、王家大院、李家大院、太谷三多堂、常家庄园、申家大院、孟门古镇、孔祥熙故居等为山西的民居代表。

三、山西著名人物之美

华夏名人出三晋，山西是一个历史名人辈出的地方。悠久辉煌的历史，美丽富饶的山河，为山西造就了众多的优秀人才。在中国历史上，山西大地上涌现的各种优秀人物，若群星璀璨。

山西著名人物

2.3 【欣赏】山西传承之美

非物质文化遗产是民族文化艺术特色的"活态"文化，被视为人类智慧的结晶、生命的记忆。中华文明亘古绵延，一脉相承，在漫长的历史岁月中，民众用辛勤的劳动和卓越的智慧，创造了举世瞩目的文化遗产，留下了极其丰富的文化遗存。

作为非遗大省，山西近年来在挖掘非遗项目内涵、讲好非遗背后故事、传承非遗项目基因等方面，积极探索有效发展路径，形成文旅融合发展新格局，不断扩大"华夏古文明、山西好风光"的知名度和影响力。

一、山西非遗表演——呈现传统艺术文化之美

打铁花是一种大型民间传统焰火，是中国古代匠师们在铸造器皿过程中发现的一种民俗文化表演技艺，始于北宋，盛于明清，至今已有千余年历史。打铁花多流传于黄河中下游，以河南、山西最为流行。打铁花表演时，在一处空旷场地搭出 6 米高的双层大棚，称为"花棚"，棚上密布新鲜柳枝，上面绑满各种烟花、鞭炮等。花棚中间竖立一根 6 米高的杆子，称为"老杆"，使花棚总高度达到 10 米以上。旁边设一熔炉化铁汁，十余名表演者轮番用花棒将千余度高温的铁汁击打到棚上，形成十几米高的铁花，铁花又点燃烟花鞭炮，再配上"龙穿花"的表演，场景蔚为壮观，呈现出惊险刺激、喜庆热闹的特点（图 2.1）。

图 2.1　山西打铁花

二、舌尖上的非遗——品鉴山西地方千年历史味道的魅力

1. 山西非遗——面食

山西饮食文化积淀深厚、源远流长，饮食类非物质文化遗产作为其重要组成部分，蕴含着丰富多彩的饮食习惯和风土人情，是游客了解山西的重要途径之一。

面食作为山西人的主食，经过千百年蒸、煮、煎、炸、烙、烤，山西人将其"揉搓"成了面食文化。刀削面、拉面、圪垯面、推窝窝、灌肠等，可谓"一面百样、一面百味"。仅在面食上，山西便有龙须拉面和刀削面制作技艺、抿尖面和猫耳朵制作技艺、太谷饼制作技艺、稷山传统面点制作技艺等众多国家级非遗项目。

2. 山西非遗——地方特色小吃

餐饮品牌推广活动还评选出过油肉、大烩菜、糖醋鱼、香酥鸡、扣肉条、糖醋丸子、虾酱豆腐、醋浇羊肉、葱烧台蘑、什锦铜火锅这"十大晋菜"，泡泡油糕、头脑、太原元宵、莜面栲栳栳、百花烧麦、羊肉汤、丸子汤、碗托、稷山麻花、红面鱼鱼、浑源凉粉、大同兔头、清徐灌肠等一批山西特色小吃，以及山西会馆、老大同饭庄等 73 家品牌餐饮企业和 20 位山西名厨。

3. 山西非遗——老陈醋

醋是山西饮食文化的重要组成部分。山西人自古以来擅制醋、爱吃醋，有"无醋不成味"的说法。古时将醋称为"醯"，把酿醋的醢称为"老醢"，又因"醢"字音同山西的"西"，山西人便有了"老醢儿"的外号，醋对山西人的影响可见一斑。

山西老陈醋食而绵酸、口感醇厚、滋味柔和、酸甜适口、余香绵长，其酿制技艺与西周以来的制醋工艺一脉相承。如今，山西拥有清徐老陈醋酿制技艺、太原美和居老陈醋酿制技艺等国家级非遗项目（图 2.2）。

图 2.2　山西老陈醋

三、数字化非遗——传承探索非遗的保护新模式

近年来，数字化被越来越多地应用到非物质文化遗产保护与传承实践之中。数字藏品通过区块链等技术手段，让传统非遗文化技艺与数字科技相结合，令越来越多的非遗项目融入人们的生活中，有效保护了珍贵、濒危和具有重要价值的非物质文化遗产。

3D 全景建模生动还原平遥推光漆器的经典仕女纹样；融合数字科技，传统的孝义皮影戏演成了大电影；数字活化技术，让中阳剪纸变得灵动起来。

通过数字手段，让传承千年山西非遗产品被更多人看到，特别是青年群体的关注，引导市场在非遗数字场景应用、创新体验模式等方面作出更多尝试。

2.4 【内化】非遗传承融合山西文旅

山西省各地在挖掘非遗项目内涵、讲好非遗背后故事、传承非遗项目基因等方面，积极探索有效发展路径，形成文旅融合发展新格局，不断扩大"华夏古文明、山西好风光"的知名度和影响力。

随着人们生活水平的日益提高，人们旅游的目的从单纯的看景点转变为感受文化内涵，从匆匆忙忙到此一游转变为舒心的休闲游。人们希望在不同的地方看到不同的风景，感受不同的风土人情，因此，多元化的非遗旅游项目成为各景区新的吸睛点和"吸金点"。

司徒小镇非遗展演节目《千年铁魂》已经成为晋城非遗的闪亮名片，皇城相府景区《迎圣驾》《编钟乐舞》《天朝国风》等剧目经久不衰，大阳古镇《飞燕省亲》、珏山景区《泽州鼓书》、炎帝陵景区《喜酒歌》等节目更是好评如潮。在这里，人们可以近距离体验非遗、感受非遗，领略传统文化的魅力。

运城的舜帝陵、李家大院和盐湖3个景区分别展示了稷山高台花鼓、高跷走兽、绛州鼓乐、河津干板腔、蒲州梆子绝活、心意拳（关公刀）、晋南唢呐、提线木偶戏、皮影戏9个市级以上非遗表演类项目，使更多的人感受到了运城深厚的历史文化底蕴。

洪洞大槐树景区推出的独特非遗演艺《传统祭祀》《威风锣鼓》《孝感动天》等节目，吸引人们"停下来""留下来"（图2.3）。

图2.3　洪洞大槐树《威风锣鼓》

在围绕非遗旅游资源开发方面，洪洞大槐树景区在民俗游览区内引进毛姥姥刺绣、郝小翠剪纸、楼村胃灵散等地方非遗项目，将传统的农耕技艺、编织纺织工艺、酿酒工艺等"搬"进了民俗村小院。同时，该景区研发出适合旅游市场的"商业、研学、线上"三重祭祖消费模式，让非遗传承有了市场需求支撑。

旅游与非遗的融合让非遗传承保护更具活力，也赋予旅游更为蓬勃的生命力。山西省非遗资源正在植入更多的文旅场景，形成非遗项目向旅游业态、场景、创新的转化，为非遗保护传承与旅游发展点燃新引擎、增添新动力。

资料来源：山西省人民政府网 http://www.shanxi.gov.cn/ywdt/sxyw/202211/t20221123_7480046.shtml.

学习检测

模块二

自然之美

模块导图

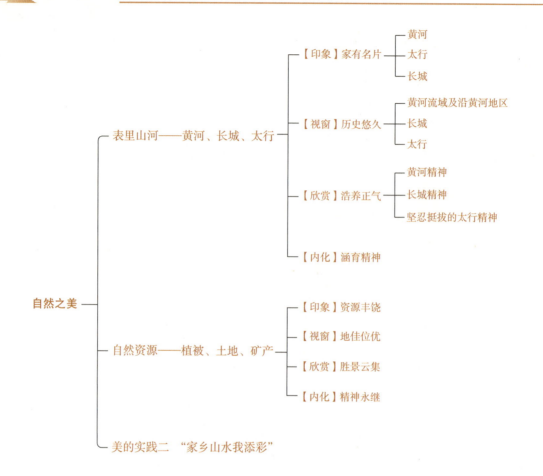

自然之美
- 表里山河——黄河、长城、太行
  - 【印象】家有名片
    - 黄河
    - 太行
    - 长城
  - 【视窗】历史悠久
    - 黄河流域及沿黄河地区
    - 长城
    - 太行
  - 【欣赏】浩养正气
    - 黄河精神
    - 长城精神
    - 坚忍挺拔的太行精神
  - 【内化】涵育精神
- 自然资源——植被、土地、矿产
  - 【印象】资源丰饶
  - 【视窗】地佳位优
  - 【欣赏】胜景云集
  - 【内化】精神永继
- 美的实践二 "家乡山水我添彩"

模块目标

● **素质目标**

1. 提升学生对自然之美的感知能力、欣赏水平，并培养学生对美的敏感度。

2. 增强学生对山西表里山河、自然资源的认同感和自豪感，激发他们的社会责任感。

● **知识目标**

1. 了解黄河、太行、长城及自然资源之美。

2. 感受一方水土养育一方儿女凝聚的"山西精神"。

● **能力目标**

1. 具有对自然之美的感知能力。

2. 能对通过自然之美感受其涵育精神。

任务清单

完成一项学习任务后，请在对应的方框中打钩。

课前预习	准备学习用品，预习课本相关内容	☐
	通过网络收集有关山西自然之美的资料	☐
	初步了解除山西的自然风光及资源	☐
课中学习	了解美的本质、特点和表现形式	☐
	树立正确的审美观，陶冶高尚的道德情操，塑造美好心灵	☐
	具有对山西自然之美的感知能力及欣赏能力	☐
	了解山西精神，将涵育精神内化	☐
课后实践	积极、认真地参与实训活动	☐
	提高美育素养，能运用所学知识赏析自然之美	☐

单元 3

表里山河——黄河、长城、太行

　　黄河是中华民族文明的发源地，滋养着无数中华儿女的精神；长城是中华民族抵御外敌、保卫家园的壮举；太行蜿蜒千里、陡峭险峻，是山西天然的屏障。壮丽山河之中蕴含着丰富的民族精神和审美追求。

3.1 【印象】家有名片

一、黄河

　　黄河（图 3.1）孕育了中华文明，早在石器时代，就形成了中国最早的新石器文明，比如蓝田文明、半坡文明出现在黄河支流渭河，龙山文明出现在山东半岛，等等。6 000 多年前，黄河流域内已开始出现农事活动。

　　从公元前 21 世纪的夏朝开始，4 000 多年的历史时期中，历代王朝在黄河流域建都的时间延绵 3 000 多年。中国历史上的"七大古都"在黄河流域和近邻地区的有安阳、西安、洛阳、开封四座。在相当长的历史时期，中国的政治、经济、文化中心一直在黄河流域。黄河中下游地区是全国科学技术和文学艺术发展最早的地区。在洛阳出土的经过系列处理的铁锛、铁斧，表明中国开发铸铁柔化技术的时间要比欧洲各国早 2 000 多年。

　　翻开神州大地百万年的人类史、一万多年的文化史、5 000 多年的文明史，可以看出，中国古人类的进化、中华民族的形成、中华文明的演进发展，都能在黄河流域找到源头与关键节点。在这里孕育和不断升华的黄河文化，在中华文明体系形成发展过程中，始终是一条主干、主轴主线，演化为中华民族的根和魂。

图 3.1　黄河

二、长城

　　长城修筑的历史可上溯到西周时期，发生在首都镐京（今陕西西安）的著名典故"烽火戏诸侯"就源于此。春秋战国时期，列国争霸，互相防守，长城修筑进入第一个高潮，但此时修筑的长度都比较短。秦灭六国统一天下后，秦始皇连接和修缮战国长城，始有万里长城之称。明朝是最后一个大修长城的朝代，现今人们所看到的长城多是此时修筑。

山西境内的长城总长度累计达 3 500 多千米，从战国一直延续到清代均有修筑。其中明代修筑的长城规模最大，前后共修筑了 154 年，约 850 多千米。山西境内著名的长城有现存包砖最完整的广武明长城、中华第一关的雁门关长城（图 3.2）、三十二长城等。

图 3.2　山西雁门关长城

三、太行

太行主要指太行山，太，有极大至高的意思。行，就是行列的意思。

山脉北起北京市西山，向南延伸至河南与山西交界地区的王屋山，西接山西高原，东临华北平原，呈南北走向，绵延千里。它是中国地形第二阶梯的东缘，也是黄土高原的东部界线。古人将其命名为太行，名副其实。山西境内的太行山绵延 400 余千米，东西宽 100 余千米，是黄土高原和华北平原的分界线，自古以来就是兵家必争之地（图 3.3）。

图 3.3　壶关太行山大峡谷

3.2 【视窗】历史悠久

一、黄河流域及沿黄河地区

黄河流域及沿黄河地区是中华文明的主要发祥地。大约在 4 000 年前，黄河流域内形成了以最为强大的炎帝、黄帝两大部族为中心的一些血缘氏族部落。后来，黄帝在部落战争中取得盟主地位，并融合了其他部族，形成了华夏族（也就是汉民族的前身），黄帝也因此被奉为中华民族的人文始祖。在新石器时代晚期，黄河流域就已经出现了文字刻画符号和铜器。到了商代，开始出现甲骨文，青铜冶炼技术达到了相当高的水平，并开始出现铁器冶制，这标志着生产力水平已经发展到了一个新的阶段。从夏朝到北宋，历代王朝在黄河流域建都时间绵延 3 000 余年，诸子百家、四大发明、唐诗宋词、中医中药等林林总总的文化科技成果大都产生于或发展成熟于黄河流域。北宋以后，全国经济重心逐渐南移，但在中国经济、政治、文化发展的进程中，整个沿黄河地区仍处于重要地位。

黄河流域悠久的文化历史，它印证了中华 5 000 年的人类文明史，为中华民族留下了无数珍贵的文化遗产、名胜古迹，以及用之不竭的精神财富，支撑了中华文化的主体与脉络。现在，它已成为中国的旅游的标志之一，吸引着大量国内外游客前来参观（图 3.4）。

图 3.4　黄河老牛湾

二、长城

长城（图3.5）虽然是中国古代的一座防御工事，但它对中华文化产生了深远的影响，主要包括以下几个方面。

图 3.5　长城雪景

（1）文化象征。长城是中国文化的重要象征之一，它代表了中国古代的建筑技术和军事防御能力。长城也成为中华民族的象征之一，代表了中华民族的坚忍和不屈不挠的精神。

（2）历史文化遗产。长城是中国重要的历史文化遗产之一，它见证了中国古代的历史和文化发展。长城的建造可以追溯到春秋战国时期，历经秦汉、明清等朝代的不断修缮和扩建，成为中国历史上重要的文化遗产。

（3）文学艺术。长城在中国文学艺术中也有重要的地位，许多文学作品和艺术作品都以长城为主题，如《长城谣》《长城赋》等。长城也成为中国文化的重要元素之一，被广泛应用于电影、电视剧、音乐等艺术形式中。

三、太行

太行山对于山西有着重要的影响，山西凭借太行山等山脉，避夏暑躲冬寒雨，大水退入黄河，雪盛融三晋，风吹不能过两山，造就了山西"四季分明无灾荒，表里山河英雄地"的形象。

太行山自古以来就是交通要道、商旅通衢。古时候有著名的太行八陉，就是太行山脉中的八条中断带，这些中断带成为人们的来往通道。太行八陉分别是轵关陉、太行陉、白陉、滏口陉、井陉、飞狐陉、蒲阴陉和军都陉。这造就了太行山深处有无数的村落存在的面貌。

图 3.6　王家峪八路军总部旧址

太行山曾作为战略基地，开辟了晋察冀、晋冀鲁豫等根据地。在中国共产党的领导下，太行山人民抵抗日军的进攻，建设根据地的政治、经济和文化，为民族独立和人民解放作出了不可磨灭的贡献（图3.6）。

3.3　【欣赏】浩养正气

一、黄河精神

黄河体现了抗争精神，黄河造就了华夏文明，但频繁的泛滥和改道给沿黄河居民带来了深重灾难，黄河流域的先民们前仆后继地同洪水抗争，锤炼出具有抗争精神的黄河流域人民。黄河精神体现出了奉献精神，黄河水浇灌着中原大地，哺育着中华儿女，在历史文明的发展长河中，黄河流域一直是历史、经济、政治、文化发展的中心舞台，先民们在这里创造了灿烂的华夏文明。

黄河精神体现出敬业精神，大禹三过家门而不入的传说世世代代影响着中华儿女，以其执着又敬业的精神不断激励着中华儿女（图3.7）。

图3.7　黄河壶口瀑布

二、长城精神

长城见证了中华历史发展，见证了时代进步，集中体现了劳动人民的勤劳勇敢，是中华优秀传统文化的重要载体，在中华历史的进程中形成了明晰的长城精神。在不同的历史时期展现出多元、丰富的精神内涵。

1. 众志成城的爱国精神

历代修筑长城的核心目的在于防御，其军事要义尤为突出。特别是秦统一六国、四海归一后，始终明晰"亡秦者胡"这一卫国理念，因此修连原有的秦、赵、燕长城，应对来自北方游牧民族的军事威胁，这也奠定了在长城以内地域追求家国一统、众志成城的民族意志和思想观念。

两汉时期，中原地区军事与经济实力逐渐增强，对周边民族产生凝聚力和同化作用，长城以北的一些少数民族也逐渐融入中华民族大家族中，大一统的民族精神得以逐渐固化，而随着时代演进、历史合力促发而越发呈现出坚忍不拔、百折不挠、强劲持久的民族精神魅力，特别是在中华民族遭遇外来入侵的近代，在国家安危、民族存亡的艰难时刻，长城以其坚毅、宏阔、深厚、朴实的人文精神的强大感染力，鼓舞了不可胜数的仁人志士英勇斗争，前仆后继，始终坚持奋发不屈、团结一致的精神理念，增了中华民族的凝聚力，成为中华民族精神的文化图腾。

2. 自立自强的拼搏精神

长城以山峦为天然屏障，横贯中国北方大地，气势雄伟，壮丽多姿。自周代以至清代，在历经2 500年左右的历史进程中，长城工程浩大，不同朝代极尽人力、物力，多次大规模组织修建长城。长城所到之处，多为山野、草原、戈壁等交通困厄之地，人迹罕至，自然条件恶劣。就是在这样艰难困苦的环境中，历代民众不畏艰险，接力续建，屡经战乱破坏但仍不断修葺、巩固、扩建，充分显示了中华民族吃苦耐劳、勤勉无畏、自强自立的民族品质，彰显了中华民族特有的愚公移山般的拼搏精神。同时也正是这种接力传承、不懈拼搏的民族基因，维系了中华文明的传承延续，集中体现了中华民族的族群气质情怀积淀。

三、坚忍挺拔的太行精神

太行精神是国家和民族处于危亡的关键时刻，中国共产党领导太行儿女不懈拼搏展现的勇敢顽强、不畏艰难的革命英雄主义精神，是在极其艰苦的条件下展现的百折不挠、艰苦奋斗的精神，是为人民利益展现的勇于牺牲、乐于奉献的精神，是数千年来中华民族精神的积淀和延续。

2021年9月，在中华人民共和国成立72周年之际，太行精神被第一批纳入中国共产党人精神谱系的伟大精神。

3.4 【内化】涵育精神

黄河是中华民族的母亲河,它孕育了数千年的华夏文明。黄河文化,历史悠久、灿若星河,是中华文明的重要组成部分,是中华民族的根和魂。

民族危亡之际,一首《黄河大合唱》发出全民族抗战图存的怒吼,歌颂了中国人民坚韧不拔的斗争精神。这部中国现代音乐史上最伟大雄壮的合唱作品,从1939年3月在陕北的窑洞唱起,它像一束火把,鼓舞着中华民族浴血奋战;它也是一簇火种,点燃了燎原的漫天烈焰,赶走了日本侵略者,重建中华民族美丽的家园。

党的十八大以来,反映黄河文化的文艺作品陆续涌现。中国交响乐团多次演绎《黄河大合唱》、中国歌剧舞剧院编排舞蹈《黄河》,山西省推出大型歌舞《天下黄河》《黄河情韵》《九曲黄河》,交响组曲《黄河壁画》等,陕西省创作话剧《柳青》《路遥》等展示黄河精神哺育下人民的作品,山东省推出《黄河入海》《大河开凌》《一号村台》等作品,河南省打造旅游演艺项目《黄帝千古情》,青海省创作民族舞剧《大河之源》,宁夏回族自治区演出交响组曲《黄河金岸》、舞蹈《甜甜的黄河水》等,甘肃省推出陇剧《大禹治水》等作品。

除了形式丰富、题材多样的各类黄河题材舞台艺术作品,黄河沿岸各地还通过文化节庆活动和创作季、演出季等展演展览平台,大力推广黄河文化、弘扬黄河精神。

2020年9月,由文化和旅游部联合黄河流域九省区举办的黄河流域舞台艺术优秀剧目展演展播活动,是挖掘黄河文化蕴含的时代价值,积极开展黄河主题舞台艺术作品创作阶段性成果的集中展示,旨在发挥好优秀舞台艺术作品的示范引导作用,引领更多的文艺工作者讲好"黄河故事",传承黄河文化,弘扬黄河精神。在半个月的时间里,展演以"剧场+网络"的形式将9部黄河题材舞台艺术作品呈现给观众。其中开幕式演出《黄河入海》大型音乐会,线上、线下观看人次达到2 216万(图3.8)。

图3.8 大型交响音乐会《黄河入海》演出照

2021年5月,由河南省郑州市政府主办,郑州市委宣传部、市文化广电和旅游局承办的"黄河文化月·黄河流域舞台艺术精品演出季"举行。此次演出季剧目丰富多样,涵盖了舞剧、民族管弦乐、豫剧、交响乐等多种艺术类型,9部作品体量饱满、艺术语言丰富,具备广阔的文化视野和深刻的学术思考,在线上演播和线下展演均取得了不错的成绩。

《大河古镇》取材于山西临县《碛口志》,讲述了清代康熙年间,黄河及其支流湫河泛滥,临县商贸重镇侯台、曲峪被水冲垮,碛口镇商会会长陈三锡毅然舍小家顾大家,倾尽家业救灾济民,历尽艰难重振碛口商贸的真实故事。《大河古镇》突破了地方小戏的限制,将宏大叙事与细腻情感相融合,围绕陈三锡赈济受灾百姓并携众人重建碛口码头展开剧情,以伞头艺人诙谐、幽默的三弦说唱作旁白贯穿始终,成功演绎了一个晋商家族和一个商贸古镇的传奇故事(图3.9)。

图 3.9　临县道情《大河古镇》剧照

由宁夏演艺集团歌舞剧院交响乐团委约创作的《黄河金岸》以澎湃的激情、恢宏的笔触和优美的旋律描绘了各族儿女崭新的生活。在黄河的涛声里，浩瀚沙海中的绿洲、高耸的"山花儿"、展翅腾飞的故乡……"一带一路"似彩虹搭起友谊桥梁，聚集成欢乐的歌声，描绘着更加美好的未来。

陕西省重大文化精品扶持项目红色题材秧歌剧《鼓跃龙门》以奔涌的黄河为精神底色，以民族危难之际八路军从韩城东渡率先抗日为历史背景，以国家级非物质文化遗产保护项目韩城行鼓、韩城秧歌为艺术表现形式，以"鼓"为媒，讲述了男女主人公自由豪迈、浪漫奔放的传奇爱情，展现了黄河儿女博大昂扬、慷慨壮烈的人性之美，歌颂了中华民族勠力同心抵御外侮、和衷共济砥砺前行的伟大精神。

1987 年至 1997 年，由山西省歌舞剧院创作演出的"黄河三部曲"——《黄河儿女情》《黄河一方土》《黄河水长流》享誉全国、名扬海外，开创了黄河歌舞的艺术流派。从此，继承和创新黄河歌舞成为山西省歌舞剧院一代又一代艺术家的神圣职责。

黄河题材舞台作品如舞剧《黄河》（图 3.10）、《水洛月神》是直接与黄河或黄河的流脉相关的。其实，它还有更悠远的史材、更深厚的承载、更广阔的天地，如中华神话史述中的夸父追日、大禹治水，以黄河流域为统治重心的历朝历代北方各族人民的奋斗史、精神史，都可以纳入黄河叙事的范畴。如话剧《立秋》讲述晋商精神，秦腔《关中晓月》讲述关中地区的儒道商道，话剧《八步沙》讲述甘肃"六老汉"植树治沙的故事，吕剧《大河开凌》讲述一位普通农民守护最早中文版本《共产党宣言》的执着，它们从不同侧面反映了黄河哺育下华夏儿女的精神面貌。

电影《黄河谣》以脚夫当归与 3 个女人之间的亲情和爱情，以及他与土匪之间的仇恨为主题，讲述了这位在西北高原黄河故道里穿梭流浪的脚夫的传奇人生。该片于 1989 年在中国大陆上映，并获得 1990 年金鸡奖 4 个奖项。

电影纪录片《黄河》由日本放送协会（NHK）及中国中央电视台（CCTV）联合制作。本片记录了

图 3.10　山西歌舞剧院的舞剧《黄河》

探索队从黄河源头到渤海一路的旅程，将所见的大自然景象、历史事迹、文化遗产悉数记录。

作为中华民族的象征，长城作为艺术创作题材也被广泛使用。

2021年，北京天桥艺术团创作了舞剧《长城》，讲述了20世纪50年代末一群人告别亲人，隐姓埋名，从海淀奔赴大西北戈壁荒漠，把宝贵的青春乃至生命留在了罗布泊的故事。卫国的女儿卫星接过父辈的旗帜，接续奋斗，自主研发，投身北斗卫星系统研制，父女两代人共同筑起了中国的科技长城，托起了中华民族的强国梦（图3.11）。

图3.11 北京天桥艺术团舞剧《长城》剧照

2015年山西戏剧职业学院排演了大型原创儿童剧《红星杨》。《红星杨》采用时空穿越的方法，借鉴戏曲、音乐剧、舞剧等艺术形式，吸收山西戏曲、民歌、皮影、木偶等传统艺术元素，人偶同台、载歌载舞，在保留传统精粹的同时彰显时尚气息，丰富了儿童剧的艺术表现形式，歌颂了太行山上的儿童团英勇机智的革命故事。剧中大量运用独特的太行山石象征坚定革命精神，用"红星"象征爱国爱党的革命情怀（图3.12）。

2021年3月，山西艺术职业学院创排的原创话剧《太行》，讲述了20世纪60年代太行山人民修筑挂壁公路的真实故事。太行山嶙峋峭壁间封闭落后的小村——神仙居，30年、两代人、一座山、一条路，村民们流血流汗，矢志不移，前赴后继，久久为功，修筑公路，凭借双手在悬崖绝壁之上"抠"出了一条宛如巨龙的通天大道，谱写了一曲可歌可泣的时代篇章（图3.13）。

图3.12 山西戏剧职业学院儿童剧《红星杨》剧照

图3.13 山西艺术职业学院话剧《太行》剧照

学习检测

单元 4

自然资源——植被、土地、矿产

导学

山西被誉为华北水塔，是华北地区不可多得的"绿色明珠"，拥有丰富的自然资源，植被种类繁多；矿产资源在全国首屈一指，是资源开发利用大省，在全国矿业经济中占有重要的地位；文化资源丰富，凝聚着人们的智慧与情感。

4.1 【印象】资源丰饶

山西省四周山环水绕，东依太行山，西、南依吕梁山、黄河，北依古长城，与河北、河南、陕西、内蒙古等省区为界。丘陵多平原少，从全省范围看，总的地势是"两山夹一川"，也称两山夹一河，即东部为太行山脉，西部为吕梁山脉，以及哺育山西儿女的黄河支流汾河谷地。地貌东西两侧为山地和丘陵的隆起，中部为一列串珠式盆地沉陷、平原分布其间。山地主要包括东部的太行山脉、五台山，西部的吕梁山脉、管岑山，北部的恒山，中部的太岳山，以及南部的王屋山和中条山。在各山脉之间由北向南形成了包括大同盆地（图 4.1）、忻州盆地、太原盆地、临汾盆地、长治盆地和运城盆地在内的六大盆地，另外，在东部和南部还形成了阳泉盆地、晋城盆地等小盆地。

山西省自然植被的分布具有显著的纬度地带性，恒山以北的大同盆地和管岑山地区以草甸、灌丛为主，恒山以南由温带常绿针叶林、温带针阔叶混交林向温带落叶阔叶林过渡（图 4.2）。山西省种植的农作物主要包括冬小麦、玉米、高粱和棉花等。

春秋时期，山西森林密布，从战国开始，大量开垦农田，历代统治者大兴土木，耗费了大量木材。1919 年《大中华山西地理总志》统计，全省的森林面积占全省总面积的 0.6%。自此以后，本来已少得可怜的森林，继续遭到破坏。目前，遵循国家青山绿水的生态理念，山西省大力改善生态环境，并取得了良好的效果，三晋大地千山万壑实现了由缺林少绿到绿布其间的历史巨变，森林面积历史性超过全国平均水平。

山西矿产资源丰富，从品种到储量在全国都占

图 4.1 忻州五寨荷叶坪草甸

图 4.2 山西方山县南阳沟原始森林公园

据重要地位。现在全省发现的矿产已达百种，矿点及矿化点达 3 000 余处。已探明储量的有煤、铁、铝、铜、钼、钛、镓、铅、锌、金、银、钴、石灰石、黏土、石膏、芒硝、镁盐等，达 49 种，矿区达 620 处。其中，煤、铝土、耐火黏土、铁矾土、珍珠岩、镓、铝的储量居全国之首；金红石、镁盐、芒硝的储量居全国第二，钾长石储量居第三；钛铁、熔剂石灰石的储量居第四；此外，长石、石膏、钴、铜、锗、金的储量在全国名列前茅。

4.2 【视窗】地佳位优

山西省位于黄土高原东部，境内普遍分布着黄土，整体呈现为东西短、南北长的平行四边形。受地势起伏和下伏基岩地形的影响，黄土又集中成片分布在吕梁山脉以西的地区。除少数石质山地外，高原上覆盖着深厚的黄土层，黄土厚度为 50 ～ 80 米，最厚达 150 ～ 180 米。

山西是我国的重要能源基地，矿产资源种类繁多、分布广，已发现矿产有 105 种，已利用矿产为 67 种，目前山西已探明煤炭储量占全国总储量的 1/3。储量居全国第一的矿产有煤、铝、耐火黏土、镓矿、铁钒土、沸石及建筑石料用灰岩。山西素有"煤铁之乡"之称，煤炭资源不仅量大质优，还有较好的开采条件。作为全国的能源基地，正源源不断地向全国提供煤炭和电力，人们形象地称山西为全国的"锅炉房"。

山西仅国家森林公园就有 26 处，占全省 144 处森林公园的 18%。

山西多名山，最著名的有五岳之一的北岳恒山、四大佛教名山之首的五台山、道教名山北武当山、绵山、国家级风景名胜区五老峰、中华名山析城山、全国十佳自然保护区之一的芦芽山、五镇之一的中镇霍山、保存有华北面积最大的原始森林的历山、太行山脉中奇绝险峻的太行大峡谷、王莽岭、黄崖洞，另有灵空山、石膏山、仙堂山、管涔山、庞泉沟等，山色不同，神态各异，分别以险峻、幽雅、秀美而各擅胜场。

山西地处黄河中游、黄土高原东部，地貌类型丰富，野生植物有 2 743 种，其中国家一级保护野生植物 1 种、国家二级保护野生植物 31 种、省重点保护野生植物 49 种。野生动物有 541 种，其中国家一级保护野生动物 25 种、国家二级保护野生动物 85 种、省重点保护野生动物 165 种。按照生物地理区划方法，山西共划分五大野生动植物保护区：晋北盆地野生动植物保护区，晋西北丘陵山地野生动植物保护区，吕梁山地野生动植物保护区，太行山地野生动植物保护区，中南部盆地野生动植物保护区。

4.3 【欣赏】胜景云集

山西被称为"中国古代建筑艺术博物馆"，境内保存完好的宋、金以前的地面古建筑物占全国的 70% 以上。古人类文化遗址、帝都古城、宝刹禅院、石窟碑碣、雕塑壁画、古塔古墓、佛道圣地、险堡关隘以及革命文物、史迹等，从北到南，构成了山西古今兼备的人文景观。忻州五台山为四大佛教圣地之一；大同云冈石窟是三大佛教石窟之一；大同北岳恒山为中国五岳之一；悬空寺为国内仅存的"儒、释、道"三教合一寺庙；晋中平遥古城是现存三座古城之一；运城解州关帝庙是规模最大的武庙。皇城相府、乔家大院、渠家大院、王家大院、李家大院、太谷三多堂、常家庄园、申家大院、孟门古镇、孔祥熙故居等为山西的民居代表。

4.4 【内化】精神永继

"信义、坚韧、创新、图强"高度概括了山西人民传承古今的核心精神："信义"铸就三晋之魂，以关公文化、晋商精神为代表的崇信尚义是"山西精神"的鲜明特征；"坚韧"体现三晋之风，以太行精神、右玉精神为代表的山西人民坚强韧劲是"山西精神"的重要品格；"创新"彰显三晋之要，从"胡服骑射"到转型跨越发展，都体现了山西人民发展进步的精神特质，是"山西精神"的不竭动力；"图强"昭示三晋之愿，是"山西精神"的永恒目标。

（1）关公文化。关公文化的核心是忠义仁勇。关公在其近60年的一生中，策马横刀，驰骋疆场，征战群雄，辅佐刘备完成鼎立三分大业，谱写出一曲令人感慨万千的人生壮歌，被后人推举为"忠""信""义""勇"集于一身的道德楷模，并成了中国封建社会后期上至帝王将相、下至士农工商广泛顶礼膜拜的神圣偶像。

（2）晋商精神。明清山西商人称雄国内商界达五个多世纪，"生意兴隆通四海，财源茂盛达三江"包括诚信精神、进取精神、敬业精神、群体精神，我们可以把它归之为"晋商精神"。山西商人的进取心还表现在强烈的开拓精神上，所谓"天行健，君子自强不息"。有许多山西商人就是靠这种自强不息的精神，白手起家而成大业。山西商人的进取精神还表现在他们不畏艰辛，敢于冒风险方面。他们拉着骆驼，千里走沙漠，冒风雪，犯险阻，北走蒙藏边疆；横波万里浪，东渡东瀛，南达南洋。这充分表现了他们不畏艰辛、坚忍不拔的精神风貌。

（3）太行精神。太行精神诞生于抗日战争时期。从1937年10月到1945年8月，八年时间中，中国共产党人领导太行儿女不懈奋战展现的勇敢顽强、不畏艰难的革命英雄主义精神，是在极其艰苦的条件下展现的百折不挠、艰苦奋斗的精神，是为人民利益展现的勇于牺牲、乐于奉献的精神，是数千年来中华民族精神的积淀和延续。

（4）右玉精神。右玉精神体现的是全心全意为人民服务，迎难而上、艰苦奋斗，久久为功、利在长远。右玉县地处晋蒙两省交界，是山西的北大门。中华人民共和国成立初，全县仅有残次林8 000亩[①]，林木绿化率不足0.3%，年均气温只有3.6 ℃，降水量不到400毫米，无霜期不到100天，生态环境十分恶劣。经过右玉人民70多年坚持不懈造林治沙，久久为功改善生态，如今，右玉县有林面积169万亩，林木绿化率达56%，变成了闻名全国的塞上绿洲，孕育形成了宝贵的右玉精神。

相关艺术作品如下。

原创话剧《右玉》主要讲述了20世纪50年代山西省右玉县黄沙洼村群众在县委书记唐汉元、县长黎润杉、村党支部书记柱子等党员干部的带领下，同"吃人"的风沙展开殊死斗争的故事，表现了右玉人民在党的领导下治沙绿化、改天换地、建设美好家园的生动实践。

大型音乐舞蹈史诗《为有牺牲多壮志——右玉和它的县委书记们》，由著名编导张继钢任总导演，山西省歌舞剧院等单位倾情演出，再现了党的基层干部带领人民群众建设美好家园的壮志豪情、共产党人与人民群众同呼吸共命运的公仆形象、右玉历任县委领导"一张蓝图绘到底、一

---

① 1亩 =666.67平方米。

股劲拧到底"久久为功的政绩观，讴歌了右玉人民自力更生、艰苦创业的伟大壮举。

为弘扬关公文化，当地政府和民间组织出版了关公文化书籍20多部（册），拍摄了《关公出世》《武圣关公》等多部电视连续剧，恢复并上演了《千里走单骑》《古城会》等传统戏剧剧目，新编了《关公与貂蝉》《关公斩子》等数出现代剧目，推出了关公锣鼓、关公歌曲等文艺节目（图4.3）。

山西省晋剧院创作演出的晋剧《日昇昌票号》以中国票号鼻祖山西平遥日昇昌票号为原型，主要讲述染料坊转型票号、高盛魁另立门户、日昇昌承办皇差三件事的故事情节，体现了晋商的创新与智慧、以义当先的经营理念、家国情怀，以及以诚信为本的商业伦理。

图4.3　国家一级演员武凌云在《关公》中扮演的关公形象

电视剧《走西口》讲述的是民国初年，山西祁县年轻书生田青因家庭变故和生活所迫，背井离乡走西口的故事。该剧描述了山西人走西口的艰辛与悲凉，是一部山西人用血泪、坚忍、诚信写就的奋斗历程（图4.4）。

电视剧《乔家大院》以乔家大院为背景，讲述了一代传奇晋商乔致庸弃文从商，在经历千难万险后终于实现货通天下、汇通天下的故事。展现了晋商诚信、坚忍、睿智，以及"以天下为己任"的胸怀（图4.5）。

图4.4　电视剧《走西口》　　　　　　　　图4.5　电视剧《乔家大院》

上党梆子《太行娘亲》讲述抗战时期，太行母亲赵氏与梨花婆媳两代人舍弃亲生骨肉，救护八路军后代的感人故事，塑造了平凡而伟大的太行母亲的光辉形象，谱写了一曲军爱民、民拥军的壮丽凯歌，歌颂了太行儿女的纯朴、善良和高尚情操，以及太行人坚毅沉着、信守诺言的品格（图4.6）。

武乡县组织拍摄了纪录片《八路军在武乡》《太行山上》，电影《十八勇士》《朱德儿童团》，创作排练了秧歌剧《太行母亲》、大

图4.6　国家一级演员陈素琴在《太行娘亲》中饰演赵氏

型组歌舞《在太行山上》，用文艺作品弘扬传承太行精神，充分发挥文艺教育人民、鼓舞斗志、激励士气的作用。

为献礼党的二十大而创作的三集广播连续剧《太行奶娘》讲述了抗战时期太行奶娘这一特殊的英雄群体养育八路军将士后代的事迹。歌颂了太行奶娘的大恩大义、大仁大爱，讴歌了崇高的"太行精神"。

上党梆子现代戏《西沟女儿》以全国知名老劳模申纪兰为原型，撷取申纪兰不同历史时期的真实故事，用戏曲化手段，以生动、简洁的舞台语汇，艺术地再现了申纪兰坚定不移的革命信念、经久不变的劳动本色，生动讲述了申纪兰对党、对群众、对家乡的浓厚感情和坚持改革不断创新的时代精神，揭示了申纪兰不断超越自我、与时俱进的心路历程（图4.7）。

图 4.7　上党梆子现代戏《西沟女儿》剧照

模块三

生活之美

模块导图

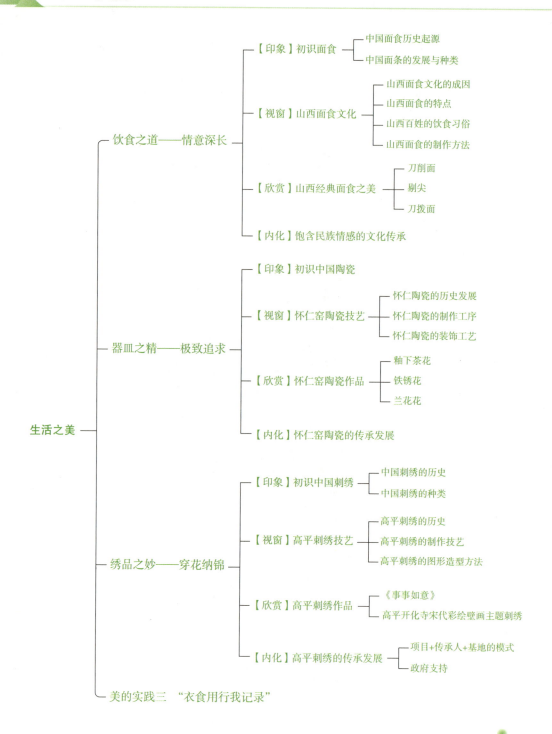

生活之美

- 饮食之道——情意深长
  - 【印象】初识面食
    - 中国面食历史起源
    - 中国面条的发展与种类
  - 【视窗】山西面食文化
    - 山西面食文化的成因
    - 山西面食的特点
    - 山西百姓的饮食习俗
    - 山西面食的制作方法
  - 【欣赏】山西经典面食之美
    - 刀削面
    - 剔尖
    - 刀拨面
  - 【内化】饱含民族情感的文化传承
- 器皿之精——极致追求
  - 【印象】初识中国陶瓷
  - 【视窗】怀仁窑陶瓷技艺
    - 怀仁陶瓷的历史发展
    - 怀仁陶瓷的制作工序
    - 怀仁陶瓷的装饰工艺
  - 【欣赏】怀仁窑陶瓷作品
    - 釉下茶花
    - 铁锈花
    - 兰花花
  - 【内化】怀仁窑陶瓷的传承发展
- 绣品之妙——穿花纳锦
  - 【印象】初识中国刺绣
    - 中国刺绣的历史
    - 中国刺绣的种类
  - 【视窗】高平刺绣技艺
    - 高平刺绣的历史
    - 高平刺绣的制作技艺
    - 高平刺绣的图形造型方法
  - 【欣赏】高平刺绣作品
    - 《事事如意》
    - 高平开化寺宋代彩绘壁画主题刺绣
  - 【内化】高平刺绣的传承发展
    - 项目+传承人+基地的模式
    - 政府支持
- 美的实践三 "衣食用行我记录"

模块目标

●素质目标

1. 提升学生对日常生活的感知能力、欣赏水平，培养学生对美的敏感度。

2. 增强学生对本土文化的认同感和自豪感，激发学生的社会责任感。

● **知识目标**

1. 了解山西省饮食艺术、日用器物及刺绣艺术的发展历史和美学特点。

2. 了解山西生活艺术的审美形式、文化背景及艺术特色。

● **能力目标**

1. 具有分析生活艺术作品能力。

2. 能对不同生活艺术作品进行分析和评价，理解其艺术特点和设计理念。

 任务清单

完成一项学习任务后，请在对应的方框中打钩。

课前预习	准备学习用品，预习课本相关内容	☐
	初步了解山西的饮食文化	☐
	初步了解山西的陶瓷工艺	☐
	初步了解山西的刺绣工艺	☐
课中学习	了解山西面食、陶瓷及刺绣的发展历史及技艺	☐
	具有对山西生活艺术作品的感知能力及欣赏能力	☐
	了解大国工匠的故事，传承与弘扬中华优秀传统文化	☐
课后实践	积极、认真地参与实训活动	☐
	主动参与到传统技艺保护及优秀文化传承的行列中	☐
	提高美育素养，能运用所学知识赏析身边的美	☐

单元 5

饮食之道——情意深长

导学

　　人们常说，"世界面食在中国，中国面食在山西"。位于黄河怀抱里的山西，其饮食文化有着自己的特色。山西人历来"专力农耕"，人民群众的饮食以粮为主。目前，有据可查的山西面食达到了一千多种。真正做到了"一面百做、一面百味"。2008 年，山西传统面食制作技艺被正式列入国家级非物质文化遗产名录。

5.1 【印象】初识面食

一、中国面食历史起源

　　在中国的饮食文化中，面食一直都是重要的食品之一。随着时间的推移和地域的不同，中国传统面点也有着自己独特的发展轨迹。

　　据文献记载，远在殷周时期，我国的面食制作技艺已相当发达，出现了专门制作面食和掌握发酵技术的厨师。西汉时，人们在日常生活中已经出现了饼、饵、麦、饭、甘、豆、羹等丰富的主食品类，其中的饼、饵指的就是那些扁圆形的面制食品。明清以降，"地处九河津要，路通七省舟车"的天津在北方崛起，财聚四海，人杂五方，公卿仕宦过往，南北客商云集，餐饮文化开始发达，面食制作异军突起。近代以来，随着经济的腾飞，人口的激增，人们对餐饮质地的需求日新月异，各种面食制品更是花样翻新。原材料采自麦、黍、稷、稻、粱、粟，制作方法包括蒸、煮、烙、炸、贴、炒。可以说，把古人"五谷为养，五果为助，五畜为益，五菜为充"的理念发挥得淋漓尽致。

二、中国面条的发展与种类

　　面条是一种非常古老的食物，它起源于中国，有着源远流长的历史。最早的记载出现于东汉年间，至今已超过一千九百年。面条最初只称为"饼"，"水溲饼、煮饼"便是中国面条先河——"饼，并也，溲面使合并也"（引自刘熙：《释名》），其意指用水将面粉和在一起所做出的食品均称为"饼"，以水煮的面条或面块亦全作"饼"称。在不同朝代均有对面条的记载。由初期的东汉、魏晋南北朝到后期唐宋元明清，都有史料记录。但起初对面条之名称不统一，除比较普遍的水溲面、煮饼、汤饼外，也称水引饼、不托、博饦等。"面条"一词直到宋朝才正式通用。"面条"为长条形，花样多不胜数，什么冷淘、温淘、素面、煎面……皆属"面条"。制面方法之多，令人叹为观止，可擀、可削、可拨、可抿、可擦、可压、可搓、可漏、可拉……中华面条既属经济饱肚的主食，又可作为登大雅之堂的上佳美食。很多达官贵人均喜吃面，并会以面食招待贵宾。

各个地区的面食均有其独特风味，如中国五大名面：四川担担面（图 5.1）、河南烩面（图 5.2）、北京炸酱面（图 5.3）、山西刀削面（图 5.4）、湖北热干面（图 5.5）。加之中外文化交流与发展，中华面条、面食文化于全世界大放异彩。

图 5.1 四川担担面

图 5.2 河南烩面　　　图 5.3 北京炸酱面　图 5.4 山西刀削面　　图 5.5 武汉热干面

5.2 【视窗】山西面食文化

一、山西面食文化的成因

山西的饮食文化以面食文化为主，是诸多因素共同作用而形成的，其中融入了山西历史的、自然的、商业的精神财富。

二、山西面食的特点

山西独特的历史因素、自然环境和人文因素形成了地域性的文化凝固，作为文化重要组成部分的山西面食文化也有着自己的特色。山西面食独特的食物结构、烹调技艺和饮食风尚有着浓郁的黄土高原气息和传统的生活特色，大范围属"北方型"，但与毗邻的河北、陕西、河南、内蒙古诸省、自治区相比，既有相通的民族性，又有其独特的地区性。

历史因素　　　自然环境因素　　　人文因素

1. 以小杂粮为主

山西地理环境复杂，气候差异大，造成了粮食生产及饮食习惯的差异。南部以小麦为主，中部和东南部以谷子、玉米、高粱等杂粮为主；北部以莜麦、荞麦、大豆为主。历史上山西便有"小杂粮王国"之称。《山西通志》记载，山西种植的谷属有黍、稷、粱、麦（冬小麦、春小麦、荞麦），豆属有黑、绿、黄、豌、豇、扁、小豆等豆类。

特定的自然条件与传统农业为山西的面食提供了物质基础。山西以谷类粮食品种制成的面食之多、用料之广、花样之繁、制法之巧、食法之殊，即使在以面食为主的北方，也是独树一帜的。

2. 粗粮细作，细粮精作

山西百姓制作饭菜较为讲究，花样多，品种全，饮食丰富多样。即使家常便饭，也非常讲究烹饪技术，善于粗粮细做，细粮精做。民间经常食用的面食就有五六十种，令人眼花缭乱。尤其是杂粮面食品，堪称山西面食一绝。

3. 面食结构独特

山西面食结构非常独特。长期以来，山西面食无明显主副食之分，重数量轻质量，地区经济基础是这一事实形成的原因之一。另一原因是山西多旱少雨，气温低，不适合种植蔬菜。除极少数几个品种外，吃菜成为一种奢侈。因此，在普通百姓的食俗中，菜饭合一或汤饭合一的品种成为百姓的主要选择。如晋北的"谷垒"、晋中的"拨烂子"、晋东南的"和子饭"都是这种品种。当今，百姓的生活虽然有所改善，但因受传统食俗观念的影响，一些地区的百姓仍然吃些传统的食品。

4. 品种丰富

山西面食既然已形成一种文化，其规模必然蔚为大观。山西面食的品种，就有据可查的资料来看，已经达到1 000多种。蒸、炸、煮、煎、烤等诸般手段样样俱全，以此形成的面食种类令人眼花缭乱。蒸制类面食、煮制类面食、煎烤类面食、炸制类面食、菜饭合一面食等样样俱全。仅普通百姓每日面食，若刻意追求，可以做到一个月不重样。以不同材料和成的面团，在农家妇女手里，经擀、削、拨、抿、擦、压、搓、漏、拉等手段，施以不同的浇头，使之魔术般地变幻出姿态各异，色、香、味俱全的面条来。山西面食最令人称道的是煮制类面食，在山西人心目中，面食特指带汤类煮制的面食。山西的四大招牌面食是刀削面、拉面、刀拨面、剔尖。

5. 三大讲究

山西面食有三大讲究：一讲浇头、二讲菜码、三讲小料。浇头有炸酱、打卤、蘸料、汤料等。菜码很多，山珍海味、土产小菜等可以随意而定。小料则因季节而异，酸甜苦辣咸五味俱全。除了特殊风味的山西醋，还有辣椒油、芝麻酱、绿豆芽、韭菜花等。正因为如此，山西面食受到中外游客的赞誉，各种史籍也不乏记载。

三、山西百姓的饮食习俗

山西的面食文化孕育了山西人特殊的饮食习俗。

1. 嗜好面食，兼喜汤食

山西人嗜好面食，尤其喜食汤食，这种习惯由来已久。除晋南部分地区外，各地百姓大多如此。山西绝大部分地区常年干旱多风，百姓"日出而作，日落而息"，赤身露体，"面朝黄土背朝天""汗珠子摔八瓣"地辛勤劳作，绝少有饮水啜茗的条件，全靠吃饭时的汤水一并补充；且山西人过去吃饭少有蔬菜，全凭盐、醋相佐，口味明显偏重，从生理上需要大量水分，形成了喜汤食的习俗。山西民间有这样的说法："吃饭先喝汤，一辈子不受伤。"吃干面条后喝点面汤是山西百姓最为突出的饮食习惯。"原汤化原食"，据说是传统饮食古训。许多农家代代相传，至今仍保持这种习俗。

2. 爱吃盐醋，又喜辛辣

山西民间百姓爱吃盐、醋的习惯历史悠久，区域广泛。这同当地的水土特征、自然气候和多

数人以杂粮为主的生活条件有着直接关系。例如，贫乏的餐桌上，全靠盐、醋来调味；艰苦的劳作之后，身体需要大量盐的补充。山西民间百姓的饭菜中用醋量很大，这种饮食习惯是众所周知的。山西"水硬"，即碱性强，加上山西人以杂粮为主，如高粱、莜面等，都是不大好消化的，需靠醋来中和、助消化。醋的营养价值颇高，并有一定的食疗作用。山西各地几乎都有自己的名醋，其中"山西老陈醋"味道最好，堪称调味佳品。

山西民间百姓日常饭菜用盐量也非常大。民间有"咸香咸香，无盐不香"之说，民谣云："能说会道离不了钱，五味调和离不了盐。"由此可知人们对盐重视。山西民间百姓喜食味重食物还表现在佐餐小菜上。普通百姓的餐桌上常有一两样咸菜或酸菜佐饭。过去，冬春季没有新鲜蔬菜，又没有保鲜手段，全靠咸菜和酸菜佐餐。各种各样的咸菜和酸菜几乎是山西百姓常年的必备之物。山西人吃"味重"食物的习惯至今仍无多大变化。

除盐、醋外，人们一向将大葱、韭菜、花椒、大蒜、辣椒乃至生姜等视为必不可少的佐餐小菜和烹调佐料。北部、中部百姓有用大葱、大蒜直接佐餐的习惯，将辣椒切碎，调以盐醋佐餐更为普遍。有的地方甚至每餐都离不开辣椒面，里面加盐拌成佐餐小菜。喜食辛辣食物，晋南较普遍，晋中一带当属平遥、介休、灵石、汾阳诸县百姓食辣较多。

3. 居家饮食，风俗独特

古人一般是一日两餐，即朝食（又称饔）和哺（又称飧），这是和古人"日出而作，日入而息"的劳作制度与当时食源不充足的条件相适应的。山西不少地区仍保持着这种习惯。不过，由于地区不一，季节不同，亦有差别。山西北部百姓一向遵循"夏秋日食三餐，冬春日食两餐"的传统习惯。《山西通志》有"天镇诸地，冬春坐食，一日两餐"的记载，讲的就是这种习惯。只有夏秋两季，因忙于农事，才改为三餐。农忙季节，许多农村都习惯往地头送饭，或带干粮在地头休息时进食，民间俗称"打尖"或者"打饥儿"。

一些农村在夏秋暖和时节，有站在街上吃饭的习惯。人们盛一大碗饭走出院门，或站蹲门口，或到街中碾盘上、大树下，聊天吃饭两不误，趣闻笑谈、家长里短得以交流。这一风俗的形成大概与农村信息长期闭塞、农民文化生活单调有关。村民利用吃饭的机会聚在一起，一边吃饭，一边谈论家常，有的相互交流种植、养殖经验，有的传播时事新闻。

天寒季节，农家老小盘腿上炕就餐，长辈居中央，子女坐两旁，媳妇边上坐，方便盛饭、添菜。一家老小，热闹红火。

四、山西面食的制作方法

山西面食历史悠久，源远流长，从可考算起，已有两千年的历史了。以面条为例，东汉称之为"煮饼"，魏晋名为"汤饼"南北朝谓"水引"，而唐朝叫"冷淘"。面食名称推陈出新，因时、因地而异，俗话说娇儿宠称多，面食众多的称谓与名堂，正说明山西人对它的重视和喜爱。

山西面食种类繁多，一般家庭主妇就能用小麦粉、高粱面、豆面、荞面、莜面等做成数十种的面食，如刀削面、拉面、圪培面、推窝窝、灌肠等。到了厨师手里，更被舞弄得花样翻新，让人目不暇接。

山西面食的制作方法分为以下几种。

（1）蒸制面食。玉米面窝窝是过去最普通的主食。晋南、晋中一带产麦区则多吃馒头。馒头

分为花卷、刀切馍、圆馒、石榴馍、枣馍、麦芽馍和硬面馍等。杂粮蒸食有晋北、晋中吕梁的莜面烤佬佬，忻州五台原平的高粱面鱼鱼，另外还有包子、烧麦等。

（2）煮制面食。山西的煮制食品极为丰富，因其制作方便，又可汤菜结合，方便实惠，因此流传甚广。面条类有扯面、龙须面、刀削面、转盘剔尖、刀拨面和包皮皮等。山西老百姓哪一天没吃顿面，似乎这一天就没吃饱。

烹制食品中，还有很多各具特色、别有风味的手工煮食，如猫耳杂、小撅片、捻鱼、豆面流尖、煮花塔。除此之外，山西面食还有煎烤制面食，如烙饼、煎饼、锅贴水煎包、焖面、焖饼等，还有炸制类食品，如麻花、油糕等。

山西人对面真是情深意切。当然，这种偏爱中也融入了面的可塑性和山西人的睿智。过生日吃拉面，取长寿之意；过年吃"接年面"，取岁月延绵之意；孩子到学校上学第一天要吃"记心火烧"，希望孩子多一个长学问的心眼……这些面食已不再是仅仅作为充饥的食物，而已成为一种饱含情感和哲学意蕴的"精神食粮"。

5.3 【欣赏】山西经典面食之美

一、刀削面

刀削面是山西百姓日常喜食的面食，因其风味独特，驰名中外。刀削面全凭刀削，因此得名。用刀削出的面叶，中厚边薄。棱锋分明，形似柳叶；入口外滑内筋，软而不黏，越嚼越香，深受喜食面食者欢迎。

刀削面的由来　　刀削面的制作工艺

二、剔尖

剔尖，也称拨鱼。面头尖，中间粗，呈小鱼肚形状。口感柔软、筋滑、爽口。

把和得很软的面放在一个带把面板上，一手端面板，一手用铁筷子或木筷子一根一根往下拨入锅内，如小鱼在水里跳跃。这种面柔软绵滑，易于消化，配上荤素浇头或打卤即可食用（图5.6）。

图5.6　剔尖技艺

三、刀拨面

刀拨面是山西一绝。拨面用的刀是特制的，长约 60 厘米，两端都有柄，刀刃是平的，成直线，不能带"鼓肚"。每把刀重约 2.5 千克。用这种刀拨出的面十分整齐，粗细一致，断面成小三棱形，条长半米有余。20 世纪 50 年代就有厨师创下每分钟拨面 199 刀，面条 995 根，面重 8.8 千克的纪录。条条散离，不粘连，速度之快，似闪电一样，围观者眼花缭乱，无不赞叹。

刀拨面的制作方法是将白面和水按 2 : 1 和成面团（冬热、春夏秋冷），饧 10 分钟后，放在案板上，将面团用擀杖撒上淀粉，一层层叠起来，一般可叠六至七层，约 5 厘米厚。将专用小案板放在沸水锅边，将叠好的面条放在案上，双手紧握刀柄（图 5.7）。刀身横在面片上，由远而近倒着下刀，用力一切一拨，直接拨入沸腾的锅里，煮熟后捞出，过温开水、炒食、浇卤、凉拌皆可，吃着筋软可口。

图 5.7　刀拨面技艺

5.4 【内化】饱含民族情感的文化传承

山西面食是从民间发源而来的，也一直在民间一步一步地成长，在历史不断继承和发扬的过程中融入了很多民俗心态，寄托了广大人民的期待和祝愿，它所包含的历史里面，充分展现出了各个地方的民俗习性，也能够从侧面反映出这个地方的处世之道。在整个山西，面食已经变成了人们平时生活过程中传达信息和心愿的一种符号。历史文化的传承及消费者对自身民族文化的认同和情感依赖成为山西面食产业发展得天独厚的优势。

近年来，山西面食在"省内开花"的同时，也在不断探索"走出去"的发展战略，使其能够在全国乃至全世界范围内建立品牌文化，树立品牌形象，形成品牌连锁效应。

2022 年 12 月 16 日，中国非遗面食大会在山西太原开幕。大会以"乐享非遗·'面'向未来"为主题，通过线上线下联动的形式举办开幕式、中国非遗面食保护传承峰会、非遗面食线上推介会等活动。大会借助山西得天独厚的面食文化优势，集聚全国非遗面食传承品牌和传承人，集中展示全国和山西非遗面食技艺传承及文化内涵，提高大众对非遗传承的重视，推动非遗面食产业化发展，让非遗美食焕发出更加夺目的光彩（图 5.8）。

图 5.8　2022 中国非遗面食大会

参考文献

［1］山西省文化和旅游厅 . 2022 中国非遗面食大会太原启幕［EB/OL］. http://wlt. shanxi.gov.cn/xwzx/wlyw/202212/t20221216_7621696.shtml.

［2］姜楠楠 . 山西面食文化传承与品牌创新［D］. 武汉：华中师范大学，2018.

［3］新华社新媒体 . 非遗"出海"：刀削面里的中国功夫［EB/OL］. https://baijiahao. baidu.com/s?id=1757879648898882778&wfr=spider&for=pc.

［4］新华网 http://www.xinhuanet.com/2022−12/16/c_1129214357.htm.

［5］运城新闻网 http://www.sxycrb.com/2022−05/16/content_252786.html.

学习检测

单元 6

器皿之精——极致追求

导学

《怀仁县新志》记载："邑中匠作之事，绝少精奇，唯陶埴一技，独擅北方。"《中国古陶器图典》《隋唐宋元陶瓷通论》等书籍都有怀仁瓷器业的相关记载，称其为"怀仁窑"。位于雁门关外的怀仁市已有上万年的制陶史，其瓷器烧造史始于辽、金，经过千余年的窑火传递，发展至今已日渐兴盛，被誉为"北方日用瓷瓷都"。

6.1 【印象】初识中国陶瓷

英文中，"中国"一词还有一个意思是"陶瓷"，这源于中国数千年的陶瓷历史。

1603 年，莎士比亚在创作喜剧《一报还一报》时，给剧中人物庞贝设计了这样的台词："三便士左右的盘子虽然不是中国盘子，但也算是上好的了。"不经意间，莎士比亚透露出一个信息：当时的中国瓷器在西方社会属于稀罕之物。

"白如玉、明如镜、薄如纸、声如磬"，中国陶瓷似乎总是以优雅的姿态吸引着世界的目光。与会者认为，陶瓷是具有标志性的中国文化符号，也是全世界耳熟能详的艺术语言。

从我国陶瓷发展史来看，一般是把"陶瓷"这个名词一分为二，分为陶和瓷两大类。通常把胎体没有致密烧结的黏土和瓷石制品，不论是有色还是白色，统称为陶器（图 6.1）。其中把烧造温度较高、烧结程度较好的那一部分称为"硬陶"，把施釉的那一部分称为"釉陶"。相对来说，经过高温烧成、胎体烧结程度较为致密、釉色品质优良的黏土或瓷石制品称为"瓷器"（图 6.2）。中国传统陶瓷的发展，经历了一个相当漫长的历史时期，种类繁杂，工艺特殊。

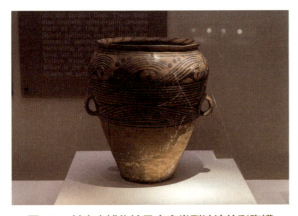

图 6.1　甘肃省博物馆马家窑类型波浪纹彩陶罐

图 6.2　浙江省博物馆龙泉青瓷

6.2 【视窗】怀仁窑陶瓷技艺

一、怀仁陶瓷的历史发展

在怀仁，以"窑"冠名的地点有煤窑、砖窑、瓦窑、石灰窑、水泥窑、碗窑、瓷窑，而"怀仁窑"所指为何？据《中国陶瓷辞典》解释："辽、金、元瓷窑，窑址在今怀仁县，分布在小峪、张瓦沟、吴家窑等地，产品以烧黑釉瓷为主，器物有碗、盆、缸、弦纹瓶、鸡腿瓶、盏托、大口罐等，胎质较粗而釉质甚精，划花为主要装饰，线条简练。"怀仁窑历史悠久、底蕴深厚，承载着怀仁陶瓷的过去、现在与未来。

二、怀仁陶瓷的制作工序

在怀仁，陶瓷艺人经过长期的实践总结归纳出陶瓷传统制作技艺七十二道工序，包括原料加工工序十七道、拉坯成型工序十九道、配釉上釉工序十一道、制笼工序十道、烧成工序十五道。

1. 选矿

陶瓷坯料使用的最基本的三种原料为黏土、石英、长石。在怀仁当地矿产资源丰富，可满足坯体所需的全部原料。根据烧制的瓷品不同，选择不同的原料配方。酒瓶的坯料主要选用石英、长石、煤矸石三种。蓝花茶盏的坯料中必须选用分布在吴家窑山上的软质黏土。

2. 原料加工

采买之后的土料露天堆放，经过风吹、日晒、雨淋、冰冻进行自然风化处理。将风化后的各种原料分别按照泥料（制土坯）、釉料（上釉）的不同类别进行称重配料。经过陶泥、摞泥后摞成柱状储存备用。现在直接把配好的泥或配料装入球磨机中进行研磨，用榨泥机滤泥、真空练泥机练成泥坯后送入成型车间。

3. 成坯工序

成坯分为圆形类器物通过拉坯方式直接成形，酒瓶类或属注浆成形。

4. 上釉工序

"上釉"也称"挂釉"。一种叫作"生坯挂釉"，另一种叫作"素烧后挂釉"。前者在我国多有使用，而国外瓷器一般是用"素烧"方法。但这只适用于中国传统瓷器的制法，现如今陶瓷加工企业及一些艺术工艺品瓷制作则需要进行素烧工序。

成坯工序

挂釉的方法有蘸釉、浇釉、刷釉、吹釉、喷釉、轮釉等多种。按坯体的不同形状、厚薄，采用相应的挂釉方法。

5. 釉烧工序

怀仁也同其他陶瓷生产地一样，窑炉从煤窑、煤制气隧道窑、液化气窑、天然气炉到电炉走完了窑炉进化的全部过程。如今，陶瓷企业的大规模生产一般用天然气炉，既减少成本，又环保。个人手工工作室大多都采用电炉烧制，温度调节可以控制，应用于多种类瓷品的制作中。

6. 检验工序

烧制结束后，待炉温冷却至规定的温度时，打开炉门，取出成品。把成品逐个进行检验，分拣出不合格的残次品并进行烧毁处理。

三、怀仁陶瓷的装饰工艺

怀仁陶瓷的特色是胎质较粗而釉质甚精，划花为主要装饰，线条简练、釉色以当地黄土烧制的黑釉，以及挂化妆土后加一层透明白釉为主。瓷器的装饰工艺主要有胎装饰、釉装饰、彩装饰和化妆土装饰四类。

（一）胎装饰

胎装饰是直接在胎上施艺的装饰手法，主要有镂空、堆塑、堆贴、剔花、雕花、划花、刻花和印花等。下面主要介绍划花和剔花。

1. 划花

划花是在上釉之后半干状态下的坯体表面，用竹条、木刀、铜铁制器等尖状工具浅划出的线条状花纹。史见唐代越窑，在五代和宋初十分流行。纹样多数是卷草纹，用单线划成，线条自然流畅。怀仁窑的划花装饰以单线划花和钩花划地为主（图 6.3）。

图 6.3　划花黑釉陶罐

单线划花，在釉面上只用划出线条状的纹样，空地不做任何处理。钩花划地，先勾出纹样的轮廓，然后把空地划成各种形式的线条，构成较柔和的中间色调，怀仁的特色是划成"席片纹"。剔划花纹使用的工具很简单，有粗铁笔和细铁笔，也可以用一把质骨或竹质的平头小铲，一般先用细铁笔划出流畅的线条，再用粗铁笔加宽加粗。

2. 剔花

剔花是要产生"面"的。剔花分为留花剔地，即划出花纹后把空地全部剔掉，以及黑釉剔划花，如图 6.4 所示，在黑色釉的表面上经过剔划后露出坯体色，黑釉与坯色以强烈对比形成清新明快的花形。

（二）釉装饰

釉装饰是在胎装饰的基础上，以釉料进行装饰，分为单色釉与艺术釉。

图 6.4　黑釉刻字工艺品

怀仁陶瓷的釉色以白釉、黑釉、棕釉最为常用，其中黑釉最典型。随着人们对于釉料性能的深入了解，开始运用窑变釉装饰。窑变是指瓷器在烧制过程中，由于窑内温度发生变化导致其表面釉色发生的不确定性自然变化。

1. 单色釉

单色釉颜色涉及繁多，每一种色系都有具体的颜色。怀仁从古至今，以生产日用陶瓷为主，施釉多以黑、白和茶叶末色。或缸或罐或碗等各种器型施以黑釉烧制而成，称墨玉瓷；而现在人们的生活用瓷大多施以白釉，统称为白瓷。单色釉类的艺术瓷更具自然美的可观性。

2. 艺术釉

艺术釉是在单色釉料的基础上配以不同的配料，经技法烧制后可呈现不同艺术效果。通常分为花釉、结晶釉、裂纹釉等。

以李增平大师在继承传统技法基础上经反复试验而烧制成的黑瓷油滴釉（图6.5）为例。油滴釉是黑釉瓷烧制过程中的一种结晶表现，油滴的特点是油滴发育饱满、斑点大小一致，间距排列有序，釉斑光亮。油滴釉的烧成温度范围很窄，装窑时必须根据经验放在最合适的窑位，并严格控制烧成温度和升温速度，符合其烧成曲线才能成功烧出。

另外，出自陶瓷艺术家李石志老师之手的瓷画（图6.6），也是把结晶釉作为装饰技法。

图6.5 油滴釉坛

（三）彩装饰

彩装饰的目的在于人们的美学追求。"彩瓷，带彩绘装饰的瓷器。区别于素瓷。主要可分为四类，即釉下彩、釉中彩、釉上彩及釉上釉下相结合的斗彩。"

"茶色釉下彩"独具地域风情，它展现出了山西北部的黄土色调。怀仁釉下彩装饰的代表艺术家李石志在传承技法的基础上，创新研究的茶色釉下彩（图6.7）在20世纪70年代末问世。以分水法为基础的技法，即在勾好的轮廓线内，用色料填色。从构图、起稿、定稿到坯盘上色、完成画面，最后再施釉、入窑，经1 280 ℃烧成出炉。茶色釉下彩绘画与白瓷盘的巧妙融合，更显得清新淡雅。釉下彩是用色料在已成型晾干的素坯（半成品）上绘制各种纹饰，然后罩以白色透明釉或者其他浅色面釉，一次烧成。烧成后的图案被一层透明的釉膜覆盖在下边，表面光亮柔和、平滑不凸出，晶莹透亮。

图6.6 结晶釉装饰瓷盘

图6.7 茶色釉下彩装饰瓷盘

（四）化妆土装饰

化妆土装饰是为了遮盖坯体原有的粗糙表面和坯体的色彩，用一种白色或其他色彩的化妆土进行装饰。

化妆土是一种常用的陶瓷装饰材料。化妆土具有质地细腻、色泽均匀、遮盖力较强、耐火度高、表现力丰富等特性。上文提到的"兰花花"茶盏挂化妆土白色泥浆是为了改变坯体表面的颜色；掩盖坯体的粗糙及缺陷；使坯体表面更光滑，更易于着色。用当地的红土塑形出来的茶壶、茶叶罐子，外表光滑细腻，是用化妆土装饰后呈现出来的效果（图6.8）。

图6.8 化妆土装饰后的茶壶

6.3 【欣赏】怀仁窑陶瓷作品

一、釉下茶花

釉下茶花，又称釉下褐彩，实际上来源于釉下五彩，怀仁土相对于景德镇的高岭土来说，色彩上更接近象牙黄，因此非常适合茶色。茶色是传统山水画中的主要用色，其艺术表现力很早就被国画家注意和使用。但真正将其应用到瓷器中的是陶艺大师李石志先生。

李石志先生的作品《釉下彩茶色花卉》（图 6.9）在 2012 年第二届"大地奖"陶瓷艺术创作评选中荣获金奖。成熟后的釉下茶花作品如图 6.10 所示，兼顾了雁北地域风情和现代审美意识，以意韵清雅、格调高古而著称。水既生先生评价其为"善承古法，勇开新风，循北方民间陶瓷黑釉铁锈花之意，别开新径，花纹闪银泛蓝，别有意趣"。山西大学美术学院赵球教授曾对大师的釉下茶花盘系列作品给予评价，他认为，"单茶色花卉盘淡雅之致，有西方单色静物油画的韵味，深幽静谧"。

图 6.9 釉下彩茶色花卉

二、铁锈花

在釉下茶花获得成功之后，李石志先生在 2014 年将目光转移到另一个独具雁北特色的装饰手法"黑釉铁锈花"上。铁锈花属于釉下彩的装饰艺术，如图 6.11 所示，用一种称为"斑花石"的贫铁矿做颜料。经过高温烧造后，斑化料所绘制的纹饰在各种釉色下呈现出不同的效果。

（1）黑釉下，纹饰呈斑斓的铁锈红色，因此被称为"铁锈花"。类似效果的还有褐釉和绿釉的铁锈花品种。

（2）透明釉下，纹饰呈黑色或赭色，也就是"白地黑花"。

图 6.10 釉下茶花

铁锈花

图 6.11 黑釉铁锈花

三、兰花花

包括碗和茶盏在内的"兰花花"系列瓷品是李增平大师家族传承的代表作，属于怀仁吴家窑人世代相传的器物。晚清至民国时期，山西、陕西、河北民间窑场烧出大量兰花碗，这些兰花民瓷涉及日常生活的诸多方面，与北方民众生活息息相关。

兰花花

6.4 【内化】怀仁窑陶瓷的传承发展

"怀仁陶瓷制作技艺"已被列入山西省第四批非物质文化遗产名录，从而受到当地社会各界的关注，也使怀仁陶瓷文化的文化价值得以体现。传统制瓷技艺是以人为本的活态文化遗产，它强调的是以人为本核心的技艺、经验和精神的结合，是典型的非物质文化遗产。

怀仁市在非物质文化遗产项目的保护工作中，按照"政府主导、社会参与、明确职责、形成合力"的工作原则具体实施。在涉及怀仁陶瓷这一"非遗"保护中，通过举办一些文化展演实践活动，使人民群众参与进来，让更多的年轻人了解怀仁陶瓷文化，喜爱陶瓷文化。

怀仁窑陶瓷的
传承发展

参考文献

[1] 陈雅洁. 人类学视域下的陶瓷文化研究——以怀仁陶瓷为例 [D]. 呼和浩特：内蒙古师范大学，2020.

[2] 郭文杰. 地方窑陶瓷装饰艺术的传承与创新研究——以怀仁陶瓷为例 [D]. 太原：太原理工大学，2015.

[3] 人民网. 中国陶瓷——原始的陶瓷 [EB/OL]. http://art.people.com.cn/n1/2017/0204/c206244-29057803.html.

[4] 人民网. 中国陶瓷会"说话"一片瓷上说中国 [EB/OL]. http://culture.people.com.cn/n1/2018/0108/c1013-29750673.html.

学习检测

单元 7

绣品之妙——穿花纳锦

导学

　　山西省是民间刺绣艺术的重要发源地，在人类历史的最早期，就逐渐形成了自己的刺绣特点。高平绣活是山西省高平市所辖范围内的民间绣活，又名高平刺绣，大约于明朝中期产生，是山西晋绣技艺的代表之一，在中国刺绣艺术中占有一席之地。

7.1 【印象】初识中国刺绣

一、中国刺绣的历史

　　刺绣作为中国独具特色的传统艺术形式，不仅是中国传统文化的典型代表，也是一种高端艺术品。我国的刺绣历史源远流长，据史籍记载：刺绣是由原始社会后期的舜创始的，经长期发展，我国的刺绣技艺逐渐成熟。到清代中期，各地的刺绣已经形成了独特的艺术风格。

二、中国刺绣的种类

　　中国刺绣比较典型的有江苏的苏绣、湖南的湘绣、四川的蜀绣、广东的粤绣、浙江温州的瓯绣、北京的京绣、河南开封的汴绣、湖北武汉的汉绣、山东的鲁绣、陕西的秦绣和山西的晋绣等。其中，江苏的苏绣、湖南的湘绣、广东的粤绣和四川的蜀绣合称为中国"四大名绣"。

中国刺绣的种类

7.2 【视窗】高平刺绣技艺

一、高平刺绣的历史

　　山西南部是中国刺绣艺术发祥地之一。位居山西南部的高平刺绣艺术源远流长，自古就有种桑缫丝的传统，东周时期它所归属的赵国在《史记·苏秦列传》中有赵王"锦绣千纯，以约诸侯"的记载，高平民间更有盛行绣活的女红文化。

　　高平刺绣，当地人称为"绣活儿"，是山西晋绣技艺的代表之一，在中国刺绣艺术中占有一席之地。2006 年被列为山西省第一批省级非物质文化遗产，2008 年入选第二批国家级非物质文化遗产名录。

PPT：
走进高平刺绣

二、高平刺绣的制作技艺

高平刺绣作为晋绣的一个分支，其技艺主要有两种，分别是布贴绣和丝线绣。其中的布贴绣比其他地方的布贴绣做得精致，图案繁多，内涵丰富。高平绣活中的丝线绣有很多针法，例如贯针、辫子股等。这两种针法制作的绣活结实耐磨，有些博物馆中的藏品，刺绣的图案完好无损，而布料已被磨破。在丝线绣中，比较特殊的是打褙绣，即在已经做好的褙子的正面做丝线绣。因此，高平绣活的核心技艺主要集中在布贴绣和打褙绣上。

1. 布贴绣

中央美术学院民间美术研究室主任靳之林教授曾称山西高平布贴绣工艺为"汉民族地区少有的国宝级的民间艺术"，是中国太行山地域民间刺绣中绣工最精湛、造型最古朴和文化内涵最丰富的民间刺绣。其针脚细密，在风格上既有北方地域的粗犷、大方、夸张和朴实，又具有中国四大名绣的细腻和柔媚。

布贴绣是指利用裁剪衣物剩下的各色布头作为材料，制作时将布头按照构思要求剪裁成人物、动物、花卉和草木等形状，然后堆贴在底面上锁边绣成，成品朴素大方，色彩艳丽。

高平刺绣在色彩搭配上颇具地方特色，它惯用黑、蓝、红、紫或淡蓝、金、银等颜色进行搭配，在长期实践中形成了一套体现对立统一关系的配色规律。为增强装饰效果，高平绣活多采用夸张变形的手法，作品重神采而不求形似，体现出绣制者的艺术匠心和当地民众的审美品位。

高平刺绣多取花卉、瓜果、虫鱼、蝴蝶、吉祥鸟和瑞兽等自然形象为题材，如双龙戏珠、凤穿牡丹、贵子折莲、鱼戏莲、猴捧桃、麒麟送子、蝴蝶扑瓜、喜鹊闹梅、鹿衔梅枝、狮子滚绣球、鱼莲娃娃等。另外，还将一些传统的戏曲如《三娘教子》《白蛇传》《转云山》《杨家将》等剧情场景作为表现内容。

布贴绣技艺

2. 丝线绣

丝线绣有平针绣、打籽绣、盘金绣和披金（银）绣等针法。平针绣比较常用，根据绣品的造型，有长短之分，要求线条排列均匀不露底。平针绣具有光洁、细腻、表现力丰富的特点。长短针交错运用，力求齐整，表现出非常丰富的刺绣效果。打籽绣是指每绣一针将丝线绕成粒状小疙瘩，将这些小疙瘩细密地排列成形，因每绣一针见一粒子，所以称为打籽绣。其特点是结实耐磨，一般在儿童的帽尾巴、针线绣包、绣鞋、粉擦上用这种方法。民间艺人还用打籽绣来绣鸟的眼睛和花蕊，用以点睛，质感效果好。盘金绣是一种装饰手法，用金线盘曲成形，然后再爬绣在底缎上。披金、披银绣则是先将金、银箔片剪成形，附在底缎上，然后再用丝线沿花边绣牢，造型的外缘均是金银箔勾勒成的线条，画面富丽堂皇。在实际运用中，往往各种刺绣手法交叉使用。结婚的绣衣、龙凤绣鞋、鞋垫、围裙角、粉擦都用丝线绣成。

打褙绣技艺

丝线绣中的打褙绣要求提前做好褙子。拣做衣服剩下的碎布料或穿旧的衣服，用糨糊一层一层地粘起来，粘上四层左右，晾干以后就成了厚实的褙子。

三、高平刺绣的图形造型方法

1. 深入物象内部造型法

用碎布剪贴拼缝而成的牡丹、梅花、莲花、石榴等植物花卉图形多采用深入物象内部造型法。

如肚兜"凤戏牡丹"（图7.1）、"贵子折莲""蝴蝶扑瓜""葫芦与瓜"，都采用解剖式视觉方式展示植物花卉图形的剖面结构，透视出植物的花蕊、籽核，既增强了图形的装饰性，又生灵活趣地表达出对生命意义的歌颂，一派生机跃然纸上。

另外，复合造型法也可生动地表现物象内部，如高平布贴绣古老的题材"鱼莲娃娃"，娃娃为人首鱼身，半藏于莲花背后，或娃娃的身体用花卉纹样装饰。

白白胖胖的娃娃丰腴健硕，饱含了"莲生贵子"的美好期盼和对生命繁衍的歌颂，颇具民俗意趣。这一题材的图案多装饰于新娘结婚陪嫁绣品中。

图7.1　凤戏牡丹

2. 适形造型法

根据实用绣品外形、格局的需要，展开丰富的想象，描绘出自己理想的图形。"他们善于利用任意一点、一线、一面、一体于手中，因形而制形，派生出无数艺术性。"

适形造型法又被称为适合纹样造型。例如从实用出发设计的石榴形儿童围嘴（图7.2）用对称均衡的形式美法则将花、草、喜鹊绣于石榴形布料之上。

梅花瓣形围嘴将六朵剖面花朵以六方连续的方式绣于六片黑色梅花花瓣之上，花瓣与花瓣之间用红布锁边。

图7.2　儿童围嘴

高平旧时的陪嫁品围裙角，不论是桃形、鱼形、瓶形、叶形，还是鸟形为样谱，巧妙地将"松鼠拖葡萄""鱼戏莲"等题材跃然布上，将富有创造力的图形根据尺寸、样式、空间大小，创意变形以协调整体绣面。

3. 时空综合造型法

戏曲在高平有着深厚的群众基础，高平刺绣作品中有一类以戏曲为题材内容的绣品多采用这一造型手法将戏曲故事交代得明明白白。它将不同时间、空间的人物、动物、植物同时贴绣于同一布面里，通过合理的布局，有条不紊地呈现出故事情景。

例如以上党梆子传说剧目《瑶台会》创作的肚兜采用蓝采和、何仙姑与韩湘子三人携寿桃乘舟过海的贴绣图案，主体周围饰有蝴蝶、瓜、游鱼、花朵，肚兜边角局部贴绣水纹。天上的神仙、地上的植物与海洋的生灵混合为一幅自然流畅、疏密得当、毫无牵强感的画面，生动地表现了"八洞神仙"驾云前来为王母娘娘恭贺寿辰的情景。

7.3 【欣赏】高平刺绣作品

赵翠林是"高平绣活"国家级非物质文化遗产代表性传承人，被评为"山西省工艺美术大师"。她自幼跟随母亲学习高平绣活手工刺绣制作，2009年7月创办高平市凤林刺绣厂。2012年6月，凤林刺绣厂被授牌"山西省级非物质文化遗产生产性保护示范基地"。

赵翠林评价高平绣活在风格上不仅有中国四大名绣的委婉细腻，而且有粗犷豪放、刚柔并济的北方特色。区别于四大名绣的平绣，高平绣活都以立体绣为主。凸起的刺绣形象给人一种雕塑的感觉，因此无论是选材、用料还是针法上，都结实耐磨，而且贴近生活。

赵翠林创作的《鸿运当头》、《喜上眉梢》、《福寿万代 狮舞升平》（图7.3）、《花团锦簇》（图7.4）等一件件绣活作品制作精美、色泽艳丽、栩栩如生、寓意美好。童帽系列（图7.5）造型各异，舞狮的灵动、老虎的威严、麒麟的飘逸……将高平绣活艺术展现得淋漓尽致。

图7.3 《福寿万代 狮舞升平》

图7.4 《花团锦簇》

图7.5 童帽

一、《事事如意》

作品《事事如意》（图7.6）现被山西省晋商博物院收藏。曾在上海参加"百年百艺·薪火相传"非遗日活动，被中国丝绸博物馆收藏展示。2020年获得中国工艺美术最高的两个奖项之一"金凤凰"银奖。图案的中间由传统如意式云肩和一个立体绣球组成，如意式云肩上绣有春夏秋冬四季花，寓意四季平安顺遂，立体式绣球由五个古钱币组合而成，代表着财源滚滚；第二层双福双寿，寓意福寿双全；第三层连着四条小鱼，谐音年年有余，边缘四个活泼可爱的小狮子与四个蝠型如意相连，此外，还绣有老鼠拖葫芦、凤穿牡丹、喜鹊登门、步步登科，很多的吉祥意义都包含进来，形成了一幅事事如意图，让美好的寓意寄托新春的祝福。色彩以三原色为主，更显稳重大气。

图7.6 《事事如意》

二、高平开化寺宋代彩绘壁画主题刺绣

2018 年，赵翠林决定采用刺绣形式将中国保存面积最大的宋代寺观壁画——高平开化寺宋代彩绘壁画（图 7.7）展现出来。这一项目涉及领域多，技艺繁复，不仅进一步推动"高平绣活"技艺再登新高度，还大大提升了高平市的文化旅游形象。开化寺壁画系列刺绣共四幅，其中《报恩经》刺绣作品（图 7.8），大小为 2.4 米 × 2.6 米，借鉴外地软绣针法并结合本地硬绣针法，将金线和玛瑙、蜜蜡、珍珠等珠宝镶嵌其中，尽全力还原开化寺壁画的恢宏、绚丽。

PPT：赵翠林与开化寺壁画的故事

图 7.7　高平开化寺宋代彩绘壁画

图 7.8　《报恩经》刺绣作品

学以致思

2022 年 10 月 16 日，中国共产党召开第二十次全国代表大会，习近平总书记在会上作以《高举中国特色社会主义伟大旗帜　为全面建设社会主义现代化国家而团结奋斗》为题的报告。报告中强调在全党全国各族人民未来的工作中要推进文化自信自强，铸就社会主义文化新辉煌，其中需要繁荣发展文化事业和文化产业。坚持以文塑旅、以旅彰文，推进文化和旅游深度融合发展。这项重要的大政方针无疑为借助高平刺绣这样一项非物质文化遗产助力高平市开化寺文旅发展提供了重要的指示精神及政策指引。

青年强，则国家强。作为当代中国青年的你，生逢其时，施展才干的舞台无比广阔，实现梦想的前景无比光明。此时的你一定受到习近平新时代中国特色社会主义思想及二十大重要指示精神的感召，通过学习了解高平刺绣的非遗技艺，坚定历史自信、文化自信，坚持古为今用、推陈出新，把马克思主义思想精髓同中华优秀传统文化精华贯通起来、同人民群众日用而不觉的共同价值观念融通起来，补足精神之钙、把稳思想之舵，坚定不移听党话、跟党走，自觉肩负起历史赋予的神圣使命，让青春在全面建设社会主义现代化国家的火热实践中绽放绚丽火花。

7.4 【内化】高平刺绣的传承发展

高平刺绣的每件绣品及其图案都是民间智慧的结晶，针线与布料间展示出当地长期自给自足农耕文化环境中田园诗般的和谐生活；折射特有的民风民俗、审美趣味和艺术内蕴，诠释人们对

古老传说、民俗和宇宙观的理解，具有较高艺术水平与人类学研究价值。随着社会经济的发展，高平绣活这一民间艺术也同样面临遗产保护与文化传承、发展与开发。

一、项目＋传承人＋基地的模式

2012年，赵翠林创办的凤林刺绣厂被授牌"山西省首批省级非物质文化遗产生产性保护示范基地"。陈区镇离市区路途遥远，村镇里有很多家庭妇女，只是在家做家务。刺绣厂离家近，妇女们在不耽误做家务的情况下，还能够在家门口赚一些钱补贴家用。这就造福了一批想做刺绣的妇女。由于经常有媒体、学者等前来采访，再加上镇政府的宣传，刺绣厂在陈区镇有一定的影响力。基地的绣工大多是陈区镇附近的妇女。

高平绣活成为非遗后，其传承人的培育相对处于较为落后状态。自2009年凤林刺绣厂建厂以来，赵翠林培养了两个市级传承人：赵晋玲和赵秀梅。这两个传承人在刺绣厂工作多年，有非常扎实的刺绣功底。凤林刺绣厂作为凝聚和培养高平绣活传承人的基地发挥着重要作用。

二、政府支持

由于高平绣活有着深厚的文化底蕴，地方政府又能够及时发现并积极申报，经过审核之后，高平绣活于2006年被评为山西省非物质文化遗产。两年后，荣升为国家级非物质文化遗产。

高平市文化馆从民众家里广泛收集了多种留存的绣活物件，有外挂、抹额、粉擦和肚兜等。为了保存并展示这些绣活物件，文化馆专门设立了高平绣活的展览馆。在展览馆中，更为集中地展现了从清代末期至20世纪末的绣活作品。

地方政府为凤林刺绣厂提供了一定的企业资金补助，还时而为刺绣厂举办的刺绣技艺培训提供场所和补贴。政府为高平绣活的发展提供了平台，也将高平绣活从存于民间的流散状态中，提升到了国家级的高度，以此更好地保护高平绣活。

从高平绣活的申遗，到生产性保护基地的建立，还有以高平绣活为文化资本而衍生的经济、文化领域的利益，都要依靠地方政府的引导。如果没有政府的力量，高平绣活的保护之路将会走得异常艰难。

参考文献

［1］人民网.中国"四大名绣"装点家居能保值［EB/OL］.http://finance.people.com.cn/money/n/2013/0301/c218900-20640486.html.

［2］王鑫.民间工艺的生产性保护——以高平绣活为例［D］.温州：温州大学，2019.

［3］聂青青.山西高平布帖绣传承与发展研究［J］.沈阳农业大学学报（社会科学版），2017.

［4］山西广播电视台融媒体.云上非遗季｜山西技艺系列——高平绣活［EB/OL］.https://baijiahao.baidu.com/s?id=1751755256586257630&wfr=spider&for=pc.

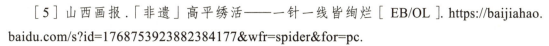

［5］山西画报.「非遗」高平绣活——一针一线皆绚烂［EB/OL］. https://baijiahao. baidu.com/s?id=1768753923882384177&wfr=spider&for=pc.

［6］晋城非遗.访谈 | 高平绣活国家级非遗传承人赵翠林［EB/OL］. https:// mp.weixin.qq.com/s/rDQLnUzZDUU_Ko2sTT8bRw.

［7］高平市人民政府.【新春走基层】高平绣活：舞动的指尖　绣出红火的年味 ［EB/OL］. https://mp.weixin.qq.com/s/bqLINRQkoJLZgTW4EISYjA.

［8］非遗说是,高平绣活：一针一梦境　一线一世界［EB/OL］. https://mp.weixin. qq.com/s/rmgUUxfTyx-0yhsbM9MsjA.

［9］党的二十大报告全文来了!［EB/OL］. https://baijiahao.baidu.com/s?id=17478447 98874969046&wfr=spider&for=pc.

［10］以党的二十大精神引领高校思政课改革创新［EB/OL］. https://baijiahao.baidu. com/s?id=1783403188320831115&wfr=spider&for=pc.

学习检测

模块四

人文之美

模块导图

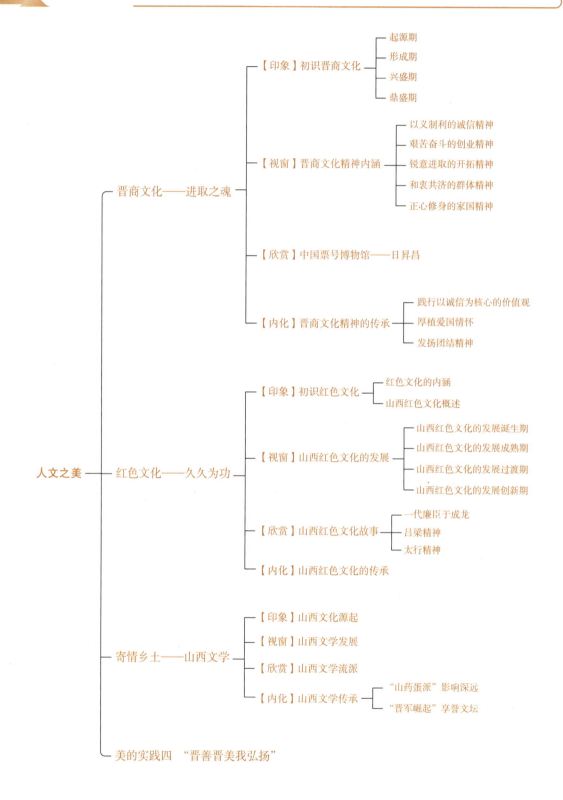

晋商文化——进取之魂
  【印象】初识晋商文化
    起源期
    形成期
    兴盛期
    鼎盛期
  【视窗】晋商文化精神内涵
    以义制利的诚信精神
    艰苦奋斗的创业精神
    锐意进取的开拓精神
    和衷共济的群体精神
    正心修身的家国精神
  【欣赏】中国票号博物馆——日昇昌
  【内化】晋商文化精神的传承
    践行以诚信为核心的价值观
    厚植爱国情怀
    发扬团结精神

人文之美
红色文化——久久为功
  【印象】初识红色文化
    红色文化的内涵
    山西红色文化概述
  【视窗】山西红色文化的发展
    山西红色文化的发展诞生期
    山西红色文化的发展成熟期
    山西红色文化的发展过渡期
    山西红色文化的发展创新期
  【欣赏】山西红色文化故事
    一代廉臣于成龙
    吕梁精神
    太行精神
  【内化】山西红色文化的传承

寄情乡土——山西文学
  【印象】山西文化源起
  【视窗】山西文学发展
  【欣赏】山西文学流派
  【内化】山西文学传承
    "山药蛋派"影响深远
    "晋军崛起"享誉文坛

美的实践四 "晋善晋美我弘扬"

模块目标

● **素质目标**

1. 提升学生对山西人文精神内涵的认识，培养学生对人文美的敏感度。

2. 感受晋商文化精神，培养学生的商业素养和创业精神。

3. 弘扬革命精神，培养学生的爱国主义情感。

4. 增强学生对本土文化的认同感和自豪感，激发学生的社会责任感。

● **知识目标**

1. 了解山西文化，解读山西精神。

2. 了解晋商文化的发展及精神内涵。

3. 了解红色文化内涵及山西红色文化的发展。

4. 了解山西文学的历史、发展和特点，掌握山西地域文学经典作品的相关知识。

● **能力目标**

1. 具有分析人文美的能力。

2. 提升创新思维能力和实践能力。

3. 能对山西文学作品进行分析，理解文学作品的艺术特点，提升欣赏能力，提高审美水平和文学品位。

任务清单

完成一项学习任务后，请在对应的方框中打钩。

课前预习	准备学习用品，预习课本相关内容	☐
	初步了解晋商文化	☐
	初步了解山西红色文化	☐
	初步了解山西文学	☐
课中学习	了解晋商文化精神，传承与弘扬中华优秀传统文化	☐
	了解山西红色文化的发展，具有对山西红色文化故事的感知能力	☐
	了解山西文学经典作品，提高文学素养	☐
课后实践	积极、认真地参与实训活动	☐
	主动参与到"晋善晋美我弘扬"的行列中	☐
	提高美育素养，能运用所学知识赏析身边的美	☐

晋商文化——进取之魂

导学

晋商作为中国重要的商帮之一，称雄商界五百余年，取得了巨大的成就，他们汇通天下、货通天下、足迹遍天下，在中国商业的历史上留下了浓墨重彩的一笔，对当时的政治、经济、文化产生了深远的影响，并形成了令人敬畏且意义深远的文化，即晋商文化。晋商文化是由山西商人在经商过程中创造的物质财富和精神财富的总和，是山西极富地域色彩的民族文化，是中华优秀传统文化的一部分。

8.1 【印象】初识晋商文化

一、起源期

晋商起源于河东盐池，历史悠久，文化积淀深厚。先秦时代晋南一带就有了商业交易活动。晋文公称霸时，榆次、安邑是当时有名的商业集镇。据史料记载，晋商鼻祖"猗顿居猗氏，用盬盐起""大蓄牛羊于猗氏之南，十年之间其息不可计，赞比王公，名驰天下"，成为与陶公（范蠡）齐名的巨富。隋唐五代又出现了漳州（今晋城市）、太谷、平定、大同等新兴商业城镇。唐初，李渊起兵，定太原为北都，跨汾河两岸，商业繁荣，诗人韩愈有诗描绘："朗朗闻街鼓，晨起似朝时。"近年来，山西出土 4—7 世纪的萨珊王朝金币，虽不能认定隋唐时期已有山西商人到过伊朗，然而山西商人与丝绸之路的密切关系是毋庸置疑的。尽管如此，这一时期的山西商人还没有一定的组织和突出的地位。

二、形成期

宋代，山西地处边防重地，所需战马大都依靠北方的辽来供应，而辽更需要宋的手工业制品。据历史文献记载，宋朝庆历年间（1041—1048 年），宋王朝出藏绢 2 000 多匹在山西岢岚买马，又出绢 30 000 多匹在山西各州府买马，非官方的民间贸易更是频繁。元代，虽然战争对工商业有一定破坏作用，但是元朝政权结束了宋、辽、金的割据局面，特别是元代驿站的完备，使商业活动的地域进一步扩大。从《马可·波罗行记》中可以看到"从太原到平阳（临汾）这一带的商人遍及全国各地，获得巨额利润"。

三、兴盛期

晋商的兴起，首先得益于明朝"开中制"的实施，为晋商提供了发展契机；其次，山西的区位优势和丰富的矿产资源，又为晋商的发展提供了物质基础，使晋商逐步走向辉煌。此外，随着商业竞争的日趋激烈，为了维护自身利益，晋商结盟的商业组织出现，成为晋商经久不衰的一个重要原因。

四、鼎盛期

晋商作为地方性集团组织的出现虽在明代，但其发展的鼎盛时期是在清代，其重要标志是会馆的设立。会馆刚开始是为联络同乡感情的，到后来发展成为维护同行或同乡利益的组织。据史料记载，当时全国排名前16位的大财团都在山西。清朝入关后，顺治皇帝在紫禁城设宴，亲自召见和答谢山西的八大商人（榆次的常家，太谷的曹家，祁县的乔家、渠家，平遥的李家，介休的范家，万荣的潘家，阳城的杨家），并赏赐朝服，编为"御用皇商"。当时世界经济史学家把晋商和意大利商人相提并论，给予了很高的评价。这一时期，晋商雄踞中华，足迹遍及大江南北，北至西伯利亚、伊尔库茨克，南抵香港、加尔各答，东到神户、大阪、横滨、仁川，西涉喀什噶尔、塔尔巴哈台。业务涉及盐、粮食、茶、烟、酒、铜、布匹、畜产品、典当、票号、钱庄等诸多行业，以独具特色的经商理念与经营艺术，创造了一个个令世人瞩目的商业奇迹。特别是晋商的驼帮、船帮和票号，是晋商成功发展的三座丰碑。

8.2 【视窗】晋商文化精神内涵

晋商文化是山西商人（即晋商）在从事商业（品）交换活动的历史实践中所创造的商品财富（利润）和经营经验（精神财富），包括物质财富和非物质财富，涉及晋商的组织制度、交易制度、商业与金融技术、商业伦理、商业思想、商业教育、建筑文化等整个文明体系。晋商精神是晋商文化的精髓，在山西的传统文化史上有着重要的地位。晋商所创造的以义制利的诚信精神、艰苦奋斗的创业精神、锐意进取的开拓精神、和衷共济的群体精神、正心修身的家国精神，谱写了14到19世纪中国商业史的辉煌，创造了灿烂的晋商文化。

一、以义制利的诚信精神

义与利是道德关系的基本范畴，也是商业主体无法回避的基本价值判断。义利选择的差异反映出商业主体不同的道德概貌与价值取向，也在一定程度上决定着商业活动的指导思想和根本原则。中国传统社会中儒家的义利观始终是中国社会演变的主流脉络，其"义以为上""见利思义"的基本内涵与诉求一直以来都导引着人们的价值取向。晋商秉持以义制利的价值准则，虽以诉求利益、追求财富为目的，但十分重视道德对功利的规范引导作用，将功利的追求置于道义的指导规约下，把对义和利的态度作为人格境界的评价尺度，并受传统伦理与地域文化的影响，坚持"君子爱财，取之有道"。在他们看来，君子有所取，有所不取，合于义则取之，不合于义则不取，在义与利相冲突的情况下宁可舍利，不能忘义。

以义制利的基石是诚信，人无信则不立，市无信则不兴，商无信则无誉。晋商把诚信作为其安身立命的根本和道德基础。晋商的商业信用历经五百年直至衰亡仍然能够经受住考验并且获得良好的社会评价，在于商业主体内修的个人诚信美德，以及基于这一内在人格美德所养成的诚信

自律。晋商灵石王家始祖更是用"忠、信、诚、实"来为兄弟四人取名，就是期望他们能够做诚信之人。晋商祁县乔家乔致庸秉承"诚信不欺"的准则，乔家在包头的复盛油坊有一次运胡麻油回山西销售，经手伙计为图厚利在油中掺假，掌柜发现后勃然大怒，当即命令伙计辞号，将整批油倒掉重装，并连夜写出告示全额退银以示赔罪。乔致庸知道后，对掌柜的做法赞许有加。

追求利润是所有商人的目标，但是追求什么样的利润、以什么方式去追求及该行为会给他人和社会带来什么样的后果，各个主体的选择却有所差异。晋商虽处财货之场，却将伦理正当性作为自己商业行为的价值判断，以道义价值统摄功利价值，使商业行为既符合市场的要求，又满足伦理上的期望，取得了良好的社会效益与经济效益。

二、艰苦奋斗的创业精神

山西地处黄土高原，自然环境差，历史上有地瘠民贫之称。为了谋生，许多人背井离乡外出经商。固然，"商之利倍农"，但在古代交通十分落后的条件下，远地贸易相当艰苦和危险。往来于"茶马之路"的山西商人贩茶于福建、湖南，销售于大漠之北，千山万水，夏则头顶烈日，冬则餐饮冰雪，年复一年奔波于商途。不仅要经历天气环境之险，而且常常遇到盗匪抢掠，因而民间有"十不还一"之说。晋商到包头经商的必经之路"杀虎口"就是土匪出没的凶险之地，有民谣称："杀虎口，杀虎口，没有钱财难过口，不是丢钱财，就是刀砍头，过了虎口还心抖"。除此之外，经商于新疆、蒙古，乃至境外的俄国、日本的山西商人更需要克服语言和生活习惯等障碍，没有艰苦奋斗的创业精神是难以称雄于商界的。

"行商"辛苦，"坐贾"亦然。晋商有句民谚："十年寒窗考状元，十年学商倍加难。"那些商铺中的学徒，一年四季，起五更睡半夜，端茶倒水提夜壶，跑腿打扫听使唤，白天站柜台招呼客人，晚上清点整理货物，还要练毛笔字、背银子平色歌、熟悉记账知识，学习蒙古语、俄语等，辛苦至极。晋商中由于环境恶劣、积劳成疾，或遭盗贼杀害而身葬异乡的商人不计其数，而致富不成在外乡沦为乞丐悲惨死去的也不乏其例。然而，晋商并没有退缩，他们子孙相继，绵延不绝。最终使晋商成为执掌各大市场的商业领袖。晋商的创业精神和不屈不挠的努力，将传统观念中处于末位的商业发展到前所未有的高度。

三、锐意进取的开拓精神

晋商皆是小本生意起家，但没有因为生意小而故步自封，而是勇于开拓市场，不断创新。晋商从挑着扁担走街串巷到推着独轮车走西口，再到后来赶着骆驼行走沙漠，最后开拓出了万里茶路。如清朝晋商旅蒙商号"大盛魁"经历200余年长久不衰，就是其在经营活动中善于审时度势、灵活机动、锐意进取、开拓创新。尤其是在组织货源方面有针对性，营销方式灵活。蒙古牧民以肉食为主，喜饮砖茶，"大盛魁"便自设茶庄进行砖茶的加工，满足牧民需要。蒙古牧民喜欢穿结实、耐用的斜纹布，"大盛魁"便大量组织货源，满足供应，并将布料按照蒙古牧民的习惯，裁成不同尺寸的蒙古袍料，由蒙古牧民任意选购。蒙靴、马毡、木桶、木碗和奶茶用壶等是蒙古牧民和喇嘛生活中的必需品，大盛魁便按照牧民和喇嘛的习惯要求，专门加工定做。到后来，蒙古牧民只要见是"大盛魁"记商品就争相购买。蒙古牧民过的是游牧生活，居住点不固定，居民皆分散而居，"大盛魁"采用流动贸易形式，组成骆驼商队，深入蒙古牧民居住的帐篷中做买卖。由于"大盛魁"商号货源组织有针对性，营销方式灵活机动，从而在蒙古草原的经商活动中取得了巨大成功。

晋商的这种"辟开万顷波涛，踏破千里荒漠"的开拓进取精神纵横于国内外商场。到19世纪中叶，晋商不仅积累了雄厚的资本，业务范围也由省内发展至全国，甚至国外，俄国、日本、朝鲜、印度等国和南洋各地等都有晋商的活动轨迹，并且首创了"汇通天下"的票号业务。正是凭借开拓创新的精神，晋商做到了货通天下、汇通天下、足迹遍天下。

四、和衷共济的群体精神

群体精神是晋商经营活动的显著特色，也是晋商得以群体崛起的重要条件之一。在中国传统的群体本位价值理念的影响下，晋商在商业交往中主动平衡群体价值与个体价值的权重，本着尚中贵和的原则妥善处理个人与群体、个人与个人之间的各种关系，在注重个体价值的基础上实现群体的和谐与发展，使内部得以形成和维系强大的凝聚力和向心力，促进了群体内部所有个体价值的整体提升，使晋商群体中的个体普遍受益。

他们用宗法社会的乡里之谊彼此团结在一起，用会馆的维系和精神上崇奉关圣的方式，增强相互间的了解，通过讲义气、讲相与、讲帮靠，把个人与他人、个人与群体和谐有序地联系起来，使他们之间和睦相处、友善团结，并协调商号间的关系，消除人际间的不和，结成大大小小的商帮群体。

早在明朝中叶，晋商就开始采取"有无相资，劳逸共济"；之后普遍实行"一人出本，众伙共而商之虽不誓而无私藏"；商号内部财东"专采用人莫疑，疑人莫用之旨"，将全盘生意委托给掌柜，让其放手经营，而经理"受人之托，忠人之事"，"领同仁，崎岖前进，呕心沥血，相得益彰"，可谓和衷共济，形成了一个以同乡或同宗为纽带，纵横连接，网络贯通的地域性商业集团，帮内互扶持，共同进退，并通过组织商会进行同行间的经济管理和协调，以群体共同认可的道德规范来约束全体成员，避免内部争斗，一致对外，避免了因势单力薄带来的困境，减小了在陌生环境下的经营风险，从而创造了一个个的商业奇迹。

五、正心修身的家国精神

晋商虽以经商为职业，但追求财富的终极目的并非止于裕身肥家，他们也有"修身、齐家、治国、平天下"的人格理想，也有"穷则独善其身，达则兼济天下"的价值追求。他们热心公益，扶困济危，关心国家社稷，忧国忧民，不仅注重自身道德的修养，而且在"内圣外王"的人格理想和"兼济天下"的价值追求的驱使下无私利人甚至自我牺牲，把晋商伦理推进到了更高的道德境界。他们修桥、铺路、施药、救孤、助寡、兴水利、赈灾民、捐军饷，造福乡里，恩泽一方，为家乡、为百姓、为国家做出了诸多义举善行。

光绪二十四年（1898年），英帝国主义掠夺山西矿产资源，山西巡抚胡聘之丧权辱国，将阳泉等地煤矿开采权卖于英商福公司，激起了山西各界之愤慨，爆发了一场轰轰烈烈的爱国争矿运动。祁县渠本翘作为商界英才，为保护民族财源，接回矿业，挺身出面与英人交涉，联合平、祁、太各票号及各界爱国志士，辗转奋斗，筹资150万两，从英国人手中赎回矿权。之后，集股组建山西保晋公司，《招股广告》公开宣称"只收华股，不收洋股"，并出任保晋公司第一任经理，率先以5万两白银认股，在晋商中树立了爱国主义的旗帜。山西商人在他的带动下，不仅积极参与争矿运动，而且在取得胜利之后又踊跃认股，参与矿业公司的组建和管理，充分体现了晋商的爱国热情、雄厚的财力和群体力量，在中国近代史上写就了民族正气的篇章。

8.3 【欣赏】中国票号博物馆——日昇昌

在山西省平遥县西大街上，有一座三进院落四合院式的古建筑，这里过去是一家名叫"日昇昌"的票号。其前身为"西裕戌"颜料庄，财主李大全和掌柜雷履泰于清道光四年出资 30 万两银改营，是中国第一家专营存款、放款、汇兑业务的私人金融机构，以"汇通天下"著称于世。现在已开发为"中国票号博物馆"（图 8.1）。

图 8.1　日昇昌

缘起　　　　启示　　　　以诚信赢天下

8.4 【内化】晋商文化精神的传承

文化是一个国家和民族的灵魂。文化自信是一个国家和民族发展中更基本、更深沉、更持久的力量。晋商作为一种历史文化，辉煌几百年，靠的是晋商诚信的品格、务实的经营和永无止境的创新。

2017 年 6 月，习近平总书记视察山西时指出：山西自古就有重商文化传统，形成了"诚实守信、开拓进取、和衷共济、务实经营、经世济民"的晋商精神；2022 年 1 月 27 日，习近平总书记视察山西时再次强调要深入挖掘晋商文化内涵，更好弘扬中华优秀传统文化，更好服务经济社会发展和人民高品质生活。

世界上任何一个民族与国家的经济现代化进程，都必然根植于本民族的历史文化传统之中。中国特色社会主义市场经济的发展，亦需要对传统商业文化资源的大力挖掘和利用。晋商文化精神理念经过几代人的传承和创新，早已经潜移默化地渗透到了晋商的经营意识、组织管理、心智素养和商业文化之中，已成为新时代企业文化建设的重要内容之一，对建设中国特色社会主义先进文化具有重大的现实意义和时代价值。

一、践行以诚信为核心的价值观

晋商之所以繁荣发展，在漫长的历史发展中创造出了丰厚的物质文化和精神文化，这得益于其恪守诚信、诚信做人、诚信做事的道德标准。回归到当下，晋商诚信精神具有很强的时代价值，有助于恪守诚信意识、践行以诚信为核心的价值观，从而为时代发展注入活力。首先，诚信是社会主义核心价值观的重要内容，诚信精神历来是我国社会发展所倡导的核心主张，诚信作为一种无形的资产，是开展各类商业合作的重要基础。其次，无论是企业还是个人，要想获得长远发展，都离不开诚信精神的统领作用，在激烈的市场发展背景下，养成良好的诚信意识，是自我形象塑造的关键，更是开展各类合作关系的保证。

二、厚植爱国情怀

"利国利民"是晋商文化精神的生动体现，在明清时期，晋商就将"修身、齐家、治国、平天下"作为自己的发展目标。具体到经营活动中，他们始终将国家利益和社会利益置于自身利益之上，勇于承担社会责任，为国家和社会发展贡献力量。在当今社会背景下，我们要传承晋商文化精神，面对商业中各类纷繁的诱惑，就要自觉地进行自我约束，重视国家和集体的利益，心系社会和民生，从而为社会的有序发展贡献自己的力量。

三、发扬团结精神

晋商的成功得益于其秉持的同舟共济、团结协作的精神指引。晋商精神在商业经营活动中所形成的团队向心力，取得了效益最大化。在新时代，秉持晋商精神，团结一致、勠力同心，共同服务于社会建设，促使社会稳定和谐发展。我们要善于发掘晋商文化精神本质内涵，并实现其有机转化，从而渗透到社会建设的方方面面，提升社会凝聚力和向心力，为国家的繁荣发展注入力量。

晋商文化是我国儒家文化与商业文化融合的典范，也是优秀传统文化的传承和创新。它不仅是山西的、历史的，也是民族的、时代的。面向未来，对于晋商文化，我们既不可能割断它，也不可能跨越它，而应知古鉴今，温故知新，以与时俱进的时代精神，积极发掘其进步的、民主的和科学的因素，认真汲取其思想精华和道德精髓，深入挖掘和弘扬晋商"诚信义利、务实创新、和衷共济、艰苦奋斗"的时代价值，努力实现传统文化的创造性转化与创新性发展，使之与现实文化相融相通，着力建设富有时代特点和民族特色的先进企业文化，创新经营之道，提升管理水平，以此发展强大企业，增强国家实力，促进国家富强、民族振兴、人民幸福，实现中华民族伟大复兴的中国梦。

参考文献

［1］任志侬.从晋商文化中汲取营养［J］.中外企业文化，2019（09）：71-73.

［2］毛成刚，王书华，杨国佐.晋商文化的形成脉络、机理及对提升公民文明素养的启示［J］.晋阳学刊，2022（03）：124-128.

［3］张志娟.晋商诚信精神的时代价值及践行路径［J］.武汉冶金管理干部学院学报，2021（01）：13-25.

［4］杨继平，程选.晋商文化概论［M］.北京：首都经济贸易大学出版社，2018.

学习检测

单元 9

红色文化——久久为功

导学

　　红色文化是我们党带领中国人民走向独立富强、建设社会主义所创造的一种独特文化。这种文化融合了中华民族优秀的历史文化和马克思主义的精髓，是中国人民在近代开拓进取、努力奋斗的集中反映。弘扬红色文化精神有助于坚定社会主义道路信念，增强民族自信和文化自信，是我们党进行文化建设的重要基石。山西作为革命老区和全国重要的能源基地，在革命战争年代与和平建设时期创造了灿烂的红色文化，拥有厚重的红色文化底蕴。山西红色文化是中国红色文化的重要篇章，其生成和发展内嵌于中国人民为实现中华民族伟大复兴而艰苦奋斗的时代背景，同时结合山西革命实践斗争，呈现出具有山西特色的地域红色文化。

9.1 【印象】初识红色文化

一、红色文化的内涵

　　红色文化是由中国共产党带领先进分子和人民群众不断深入革命实践中所共同创造的极具中国特色的先进文化，蕴含丰富，意义深远。它产生于近代，发端于中国共产党的成立，成熟于新民主主义革命时期，发展于社会主义现代化建设时期及中国特色社会主义新时期。红色文化蕴含着中国共产党人的爱国情怀、基本立场、价值取向、坚定信念、精神追求等红色文化元素，集中国共产党人崇高的革命精神、不屈不挠的民族精神、与时俱进的时代精神于一身。

二、山西红色文化概述

　　山西红色文化传承了以爱国主义为核心的民族精神和以改革创新为核心的时代精神，是中国共产党领导山西人民构建社会主义和谐社会进程中的重要积累，既符合先进生产力的发展方向、具有严格的科学精神和科学内涵、体现了鲜明的时代特征和前瞻性，又符合人民群众创造历史的基本规律，集中展现了作为先进文化的本质属性。其中，马克思主义在三晋大地的传播、中国共产党的积极构建、山西人民的革命实践及山西优秀传统文化的熏陶。这些因素共同构成了山西红色文化的生成条件，使之能够根植于三晋大地，并伴随中国近代历史的演进而不断嬗变。

　　山西的红色文化大致分为两种形态：物质形态与非物质形态。

　　物质形态的红色文化遗产，包括红色遗址遗迹、纪念场馆、历史文物、史料遗存等，这是我们借以了解历史的直观的、可触摸、可观瞻的宝贵资源。

非物质形态的红色文化遗产，包括光耀千秋的革命精神，包含吕梁精神、太行精神、大寨精神、西沟精神、右玉精神等在内的红色精神，它们均构成了红色文化的核心要义。

9.2 【视窗】山西红色文化的发展

一、山西红色文化的诞生期

五四新文化运动至国民大革命时期是山西红色文化的诞生时期。这个时期，山西的红色文化以反帝反封建、开展早期党组织活动为主题。山西是响应五四运动最早，传播马克思主义、建立地方党团组织较早的省份之一。1919年，北京爆发五四爱国运动，山西迅即响应，山西大学等11所学校的2 000多名学生在太原集会游行，支持和声援北京学生的爱国斗争。五四运动影响所及，以山西青年学生为先锋及各界的积极响应，推动了山西反帝爱国斗争，推动了马克思主义在山西的传播。1921年5月成立太原社会主义青年团，1924年初夏成立中共太原支部。山西党组织的建立，掀开了山西革命斗争历史的崭新篇章。在建党初期和国共合作进行得轰轰烈烈的大革命中，中国共产党领导山西革命斗争，组织发动学生运动和工人运动，处于全国革命斗争的前列。山西涌现出了高君宇、贺昌、彭真、徐向前、薄一波等一批共产主义运动先驱和革命家。

二、山西红色文化的成熟期

土地革命战争时期至中华人民共和国成立，是山西红色文化的发展与成熟阶段。这个时期以反抗日本帝国主义侵略、夺取民族解放，反对国民党反动统治、夺取人民解放为主题。中国共产党在山西开辟革命根据地，利用局部执政的条件在根据地积极开展思想文化建设，红色文化群众基础日益广泛，并创造出以蕴含革命精神为核心，以民族、科学、大众为特征的新民主主义文化。中国共产党的积极构建、山西人民群众的革命实践、马克思主义中国化理论的日趋完善，成为推动山西红色文化走向成熟的主要动力。

土地革命战争时期，1924年，在高君宇和彭真的推动下，山西成立了党组织，成为中国最早建立党组织的省份之一。现在的石楼县红军东征纪念馆、山西国民师范旧址革命活动纪念馆保存着大量在这个时期党和人民建立党组织、开展革命武装斗争的物品和文件。除此之外，山西也是北方地区创建中国工农红军最早的省份之一，是北方地区第一支正规红军的诞生地。1931年5月，山西党组织领导创建了中国工农红军晋西游击队。同年7月，山西党组织发动平定武装起义，创建了中国工农红军第二十四军。这两支红军在吕梁山、太行山燃起革命武装斗争星火，成为党在北方地区创建革命根据地，走农村包围城市、武装夺取政权道路的重要实践和尝试。

全面抗战爆发后，中共中央部署山西为华北敌后抗战的战略支点。抗日战争时期，山西是华北敌后抗战的中心，八路军三大主力师东渡黄河，开赴山西抗日前线，山西成为八路军深入敌后开展游击战争首先的立足地。山西作为抗日战争的主战场爆发了多场惊天动地的大战，留下了平

型关大捷、百团大战等遗址和武乡王家裕八路军总部等旧址。在这个时期山西人民所凝聚的太行精神和吕梁精神激励着各个时期的中国人民为民族复兴而奋斗。

解放战争时期，山西是全国解放战争的战略前进阵地、重要兵源基地、后勤保障基地和干部输出基地。山西老区掀起大规模的普遍的土改运动，消灭封建剥削制度，广大农民分得了土地，实现了"耕者有其田"，基本完成了消灭封建生产关系的伟大社会变革，并为党领导全国解放区土地改革提供了经验。

三、山西红色文化的过渡期

从中华人民共和国成立至改革开放前夕，是山西红色文化的过渡阶段。这个时期，山西红色文化的主题是建设新中国，探索社会主义道路。中华人民共和国成立后，中国共产党带领山西人民恢复发展国民经济，完成对农业、手工业、资本主义工商业的社会主义改造，在山西建立社会主义制度，并在此基础上，开启全面建设社会主义的新征程。山西红色文化形态也伴随社会制度的变迁，逐步完成从新民主主义文化向社会主义文化范式的转换，既突出了社会主义新社会崭新的文化和精神面貌，又继承和弘扬了革命战争年代凝练的红色基因。

中华人民共和国成立初期，中国共产党面临的主要任务是恢复发展国民经济，并完成向社会主义的过渡。以山西省召开第一届文学艺术工作者代表大会为契机，山西红色文化创作蓬勃发展，以社会主义改造为题材的文学作品不断涌现，赵树理的长篇小说《三里湾》、马烽的报告文学《整顿互助组的故事》、郁波创作的《钉锅匠的喜悦》从不同角度描写了社会主义改造时期人民群众生活面貌的变化。红色文化逐渐成为影响群众精神生活的主流文化，并随着社会主义革命的胜利完成了向社会主义文化形态的过渡。

山西红色文化在精神形态方面继承了革命战争时期的红色精神基因和革命优良传统，孕育出著名的右玉精神、大寨精神、锡崖沟精神、西沟精神等红色精神，涌现出陈永贵、申纪兰等一批优秀的共产党员及模范集体。这些红色精神彰显了三晋儿女自强不息、自力更生、艰苦奋斗的精神品质，更是中国共产党人不忘初心、牢记使命，为实现人民对美好生活向往而不懈奋斗的伟大实践。它们通过精神的感染和榜样的力量，引领了时代发展和社会风尚，并与太行精神、吕梁精神共同构成了山西红色文化宝贵的精神财富。

四、山西红色文化的创新期

党的十一届三中全会的召开，标志着中国共产党重新确立了马克思主义的思想路线，为红色文化的复苏和发展提供了良好的政治环境。随着改革开放的深入推进，山西进入社会主义现代化建设的历史新时期。山西作为我国重要的能源基地，利用本地能源优势，探索出一条转型发展的新路径，成为我国资源型经济综合配套改革试验区。平朔露天煤矿、万家寨水利工程就是这个时期山西人民改革发展的代表性工程。山西红色文化继承为人民服务、为社会主义服务的发展导向，在话语体系、价值功能、内容形式等方面坚持与时俱进、开拓创新，进入了一个守正与创新并举并融于中国特色社会主义文化的新的历史发展阶段。

在社会主义现代化建设新时期，山西红色文化与社会主义核心价值观、中国特色社会主义文化建设紧密关联，随着当今中国时代主题的切换、社会价值取向走向多元化，红色文化日益成为涵养社会主义核心价值观的重要源泉，需要从中汲取营养、凝聚共识，在全社会树立正确的价值导向。

党的十八大以来，以习近平同志为核心的党中央高度重视红色文化建设，山西省委、省政府贯彻中央决策部署，把红色文化建设与实现山西振兴崛起相结合，将其纳入国民经济和社会发展规划纲要。2017年，山西省人民政府发布《山西省"十三五"红色文化传承保护与发展规划》，从红色文化开发保护、理论研究、宣传教育等多个方面出台了具体措施，为山西红色文化发展构建了科学完善的顶层设计，成为新时代山西红色文化发展史上的重要里程碑。

红色文化的发展融合着时代元素、记录着社会变迁，改革开放历史新时期赋予山西红色文化新的时代特征、内容形式和功能价值。在这一时期，山西红色文化的铸魂育人与文化建设功能日益凸显，"八路军故乡""太行精神""吕梁精神"和"共和国能源基地"被确立为山西红色文化名片。与此同时，依托山西丰富的红色资源，通过开发建设以太行山、吕梁山为核心的红色旅游精品路线，构建具有山西地域特色的红色旅游品牌。随着社会主义市场经济的发展，山西红色文化产业开发日渐成熟，红色文艺创作蓬勃兴起，例如：电影《百团大战》《太行山上》、图书《中国共产党与山西抗战》《革命先驱高君宇》、电视剧《吕梁英雄传》《右玉和她的县委书记们》等，这些红色题材文艺作品从不同角度诠释了山西红色精神，带来了良好的市场经济效应，并借助互联网平台和技术，积极推进"互联网＋红色文化"建设，丰富了红色文化内容体系和传播路径，为山西红色文化发展带来新的时代契机。

9.3 【欣赏】山西红色文化故事

一、一代廉臣于成龙

于成龙（1617—1684年）（图9.1），清山西永宁州（今山西吕梁方山县来堡村）人，字北溟，号于山。顺治十八年（1661年），于成龙被任命为罗城县知县，在任上明确保甲制度，恢复战乱后的社会秩序。康熙六年（1667年），于成龙升任四川合州知州。后历任黄州同知、武昌知府、江防道员、福建按察使、福建布政使、直隶巡抚等职。康熙二十年（1681年）入京觐见。后升任江南江西总督。

一代廉臣于成龙

康熙二十三年（1684年），朝廷命令于成龙兼管江苏、安徽两地巡抚的政事，不久便在任上去世，被康熙帝追赠为太子太保。于成龙在二十余年的宦海生涯中，三次被举"卓异"，以卓著的政绩和廉洁刻苦的一生，深得百姓爱戴，被康熙帝赞誉。

二、吕梁精神

吕梁精神反映了山西省吕梁山区干部群众百年间在中国共产党领导下的革命斗争和社会主义建设的伟大实践。吕梁精神是一种极具地

图9.1 于成龙雕像

（图片来源：《山西画报》）

域特色和人文价值的红色文化，是在特殊的时代背景下凝聚的具有丰富内涵的文化样态。吕梁市位于山西省西部黄土高原，因吕梁山脉纵贯而得名。百余年来，吕梁山区的干部群众在中国共产党的领导下经历了革命战争、社会主义建设和改革开放等重要历程，涌现出共产主义思想在吕梁山区传播、红军东征精神、晋绥革命精神、《吕梁英雄传》革命文学、刘胡兰牺牲精神、贾家庄奋斗精神、"吕梁山护工"脱贫攻坚精神等优秀红色文化。

吕梁精神的内涵是艰苦奋斗、顾全大局、自强不息、勇于创新。艰苦奋斗是吕梁精神的基石，顾全大局是吕梁精神的核心，自强不息是吕梁精神的精髓，勇于创新是吕梁精神的灵魂。

共产主义思想在吕梁地区的传播唤醒了吕梁民众的思想。在中国共产党的领导下，吕梁山区范围较大，受压迫和受剥削的吕梁人民奋勇抵抗，1931年，在孝义县（今交口县）辛庄村创建的晋西游击队，是山西第一支工农革命武装，这支队伍广泛宣传党的土地革命路线、方针和政策，从此开辟了吕梁山革命根据地。吕梁精神自此开启了人民群众的参与热情，红军东征期间，吕梁地区的群众协助红军筹集抗战物资，并主动参军扩大了红军队伍。晋绥革命根据地时期，吕梁地区广大人民群众在党的领导下，全力支持抗日战争和解放战争。据不完全统计，抗日战争和解放战争时期，吕梁驻扎的部队和上级机关干部多达10多万人。

三、太行精神

抗日战争爆发后，一二九师进入太行山后，即在中共中央北方局的直接领导下，大刀阔斧地开展根据地工作。发动群众、组织群众、武装群众，迅速开展了抗日游击战争的新局面。数以百万计的广大人民争先恐后地参加抗日武装。"村村像军营，人人都是兵，抗日根据地，一片练武声。"抗战中，坚定生命、鲜血和钢铁般的斗志，依托有利地形，依靠广大人民群众的拥护与支持，同日寇展开殊死搏斗。在极其艰难、复杂、曲折、险恶的斗争环境中，培养、锻炼了一大批治党、治国、治军的文武英才，形成了难能可贵的太行精神。

太行精神
光耀千秋

9.4 【内化】山西红色文化的传承

山西红色文化的现状，从五四运动、大革命时期、国内革命战争时期、抗日战争时期、解放战争时期到社会主义建设和改革开放时期，全省革命遗址、纪念场馆有3 399处，相关联其他遗址383处，共3 782处。其中，近500处被公布为各级文物保护单位，62处成为红色旅游景区（点），31处成为"红色旅游"精品，15处列为全国爱国主义教育示范基地。

晋东南太行红色文化区，以长治市和晋城市为核心。包括八路军太行纪念馆、八路军总司令部旧址、黄崖洞革命纪念地、"百团大战"砖壁指挥部旧址、八路军前方总部旧址、左权将军殉难处、老爷山革命战斗遗址、上党战役纪念馆、太行太岳烈士陵园、阳城太岳烈士陵园、阳城县坪泉抗战实地纪念馆等。

晋西北红色文化区，以吕梁市为核心，包括晋绥边区政府及军区司令部旧址、晋绥烈士陵园、"四八"烈士纪念馆、红军东征总指挥部旧址、红军东征纪念馆、刘胡兰纪念馆等。

晋北红色文化区，以大同市和忻州市为核心，包括灵丘县平型关大捷遗址、代县雁门关伏击战遗址、夜袭阳明堡机场遗址、大同煤矿"万人坑"遗址纪念馆、晋察冀军区司令部旧址、毛主席路居纪念馆、徐向前故居、西河头地道战遗址、忻口战役遗址等。

晋中红色文化区，以太原市为核心，包括太原支部旧址纪念馆、山西国民师范革命活动纪念馆、高君宇故居、孙中山纪念馆、山西国民师范革命活动纪念馆、太原解放纪念馆等。

晋南红色文化区，以临汾市和运城市为核心，包括临汾烈士陵园、运城烈士陵园、夏县平民中学旧址、嘉康杰故居和陵墓等。

2020年5月12日，习近平总书记在山西考察时讲道："山西也是具有光荣革命传统的地方，是八路军总部所在地，是抗日战争主战场之一，建立了晋绥、晋察冀、晋冀鲁豫抗日根据地，平型关大捷、百团大战等闻名中外，太行精神、吕梁精神是我们党宝贵的精神财富。这些都要充分挖掘和利用，以丰富多彩的历史文化、红色文化资源为山西发展提供精神力量。"在中国共产党成立100周年之际，太行精神也成为第一批纳入中国共产党人精神谱系的伟大精神之一。山西得天独厚的红色文化资源，鼓舞和激励着三晋儿女奋勇向前，攻坚克难，追求卓越。在中国特色社会主义进入新时代的今天，更要利用好红色文化资源发扬红色革命传统，传承红色文化基因，为山西高质量转型发展凝聚强大精神力量。

参考文献

[1]岳瑾明，姚明敏.山西红色文化发展的历史进程探析［J］.忻州师范学院学报，2020（03）：111-115.

[2]中共山西省委党史办公室.山西红色文化的形成脉络和内涵价值［J］.党史文汇，2015（12）：4-12.

[3]刘晓潇.山西红色文化发展综述［J］.山西社会主义学院学报，2019（03）：65-71.

[4]张二芳."传承红色文化 讲好山西故事"山西文化资源融入思政课教学典型案例［M］.太原：山西经济出版社，2019.

[5]胡果.山西红色文化资源特征与发展的研究［J］.山西经济管理干部学院学报，2017（03）：50-54.

学习检测

单元 10

寄情乡土——山西文学

导学

　　从人类出现开始，山西这片土地上的文化一直绵延，特殊的地理位置，历史朝代更替，造就了山西人厚重质朴的底色。近代晋商的崛起，带动了晋商文化的发扬与传播。山西文学作为山西文化的载体，经过发展、传承、创新，呈现出鲜明的地域特色，在文学史上占据着重要的地位。

10.1 【印象】山西文化源起

　　山西，简称"晋"，又称"三晋"。东以太行山与河北接壤，北以古长城与内蒙古为界，西、南以黄河与陕西、河南相望，因此被称为"表里山河"。有文字记载的历史达三千年，被誉为"华夏文明摇篮"，素有"中国古代文化博物馆"之称（图10.1）。

　　西侯度文化，经匼河文化、丁村文化、许家窑文化、峙峪文化，直到14 000多年前的下丁川文化，成为中国旧石器时期原始文化发展的完整序列。民族融合带来佛教在三晋的发展，为山西留下云冈石窟与五台寺庙群，成为佛教建筑、石刻、雕塑上的艺术宝库。山西的戏曲历史悠久，宋金的社戏、元的杂剧，明清梆子都是主要剧种，影响深远。另外，山西的醋、黄土窑洞、民间剪纸也都表现了三晋文化的特色。

图 10.1　山西风光 1

　　从地理环境看，山西位居黄土高原东部，倚靠黄河中游，崇山峻岭，地形险要（图10.2）。土地贫瘠、干旱少雨，再加上频繁的战乱，造就了山西人民坚忍、质朴、务实、勤勉的地域性格和节俭、淳朴的民风。

图 10.2　山西风光 2

　　在中国明清以来的近代经济发展史上，驰骋欧亚的晋商举世瞩目，山西特别是以太谷、祁县，榆次、平遥等为代表的晋中盆地商人前辈，举商贸之大业，经营范围包罗万象，夺金融之先声，钱庄票号汇通天下，称雄五百余年，创造了亘古未有的世纪性繁荣，在神州大地上留下了灿烂的商业文化。辉煌的晋商文化也开阔了山西文学的创作视角，在题材、艺术手法方面有了突破和创新（图10.3）。

图 10.3　晋商文化

文学总是根植于包括地城文化在内的传统文化中，质朴厚重是山西文学的基本特色。它作为一条主线，起伏显现，能够贯穿整个山西文学史。山西文学作品中从表现内容上看，作家更注重较广阔的社会现实生活，特别是当下的农村生活和社会现实生活；人物形象的刻画也多着重于底层农民。思想视角往往是社会的、政治的，饱含一种深切的时代使命感和责任感。创作方法更擅长现实主义，着力故事情节的铺垫和典型人物的塑造。在艺术表现手法上，山西作家青睐于讲故事的叙事方式，环环相扣、严谨有序，喜欢运用朴素，明朗的白话语言，这是秉承了山西一代代作家的传统文化和审美追求的突出表现。

10.2 【视窗】山西文学发展

山西在政治、经济、地理和民俗等方面有自己的特殊性，因此山西文学在中国文学史上又具有独特的地位。

自远古以来，就有"女娲补天""愚公移山"等神话，体现了三晋先民坚忍不拔的淳厚精神，为了生存和发展，先民们世世代代顽强地奋斗着、劳动着。由此，也给山西文学带来了深远的影响。

《诗经》是我国第一部诗歌总集，其中的《唐风》与《魏风》是产生于三晋大地的民间歌谣。这两部分诗作共19篇，在整部《诗经》305篇中所占比例虽然不大，但内容很广泛，很有特色。其中《伐檀》《硕鼠》是两首脍炙人口的名篇。

先秦散文，百家争鸣，三晋大地进入文学繁荣时代，山西文学史上出现第一个创作高峰，最具代表性的当推荀子和韩非。荀子是儒家学派的代表人物，是我国著名的思想家、哲学家、教育家，被称为"后圣"。荀子主张"礼法并施"；提出"制天命而用之"的人定胜天的思想；反对鬼神迷信；提出性恶论，重视习俗和教育对人的影响，并强调学以致用；其思想集中反映在《荀子》一书中。荀子还整理传承了《诗经》《尚书》《礼》《乐》《易》《春秋》等儒家典籍，为传播保存儒家思想文化作出了巨大贡献。韩非的主要著作是《韩非子》一书，这也是先秦法家及理论散文集大成者的著作。战国时期，分属韩、赵、魏三国，其中发生的故事被记录下来，有些作品成为经典之作，比如《触龙说赵太后》等，丰富了山西文学史（图10.4）。

唐代是山西文学史上成就最为突出的时期。据《全唐诗》辑录，山西诗人有100多人，诗作在4 000首以上，约占《全唐诗》总数的8%以上。不光诗人诗作多，更重要的是这些山西诗人的贡献突出。初唐的王绩、王勃等，为开创唐诗的繁荣局面立下了不可磨灭的功绩；盛唐的王维，在艺术上是能与李白、杜

图10.4 相关古籍

甫比肩的大家；王昌龄、王之涣、王翰等人以边塞生活为题材的诗歌，在唐代以至后世是无人超越的；中唐柳宗元的散文，在唐代只有韩愈能与他并驾齐驱；晚唐的司空图以其《诗品》一书独步文坛，而温庭筠则是影响很大的"花间词"派的鼻祖。

到了宋代，山西文学不再像唐代那样辉煌，却也出现了司马光这样的文学家与史学家，他的《资治通鉴》生动、朴实，文笔酣畅，从内容到形式，对后世的文学创作都产生过重要作用。

金元时期，全国出现了著名的诗人元好问，创作出了一大批影响深远的反战诗和抒情诗，形成

了悲凉、沉郁、清丽的风格，为当时的诗坛树立了典范。元代的戏曲是文学创作的主潮，四位最具影响力的剧作家中，山西白朴的《梧桐雨》对后世的戏曲创作影响深远，郑光祖的《倩女离魂》中的离魂情节也是后世类似情节创作的基础，这几位剧作家靠他们的优秀作品，托起了元代文学的辉煌（图10.5）。

自明朝以后，白话小说成为山西文学的主流，太原人罗贯中创作的传世之作《三国演义》，不论对战争策略、政治斗争的描写，还是对宏伟小说结构设计、人物形象个性化的塑造，都把白话小说提升到了一个新的高度。

清代傅山在诗文方面追求朴拙、雄健之美，情感强烈，内涵丰富，并且具有悲壮、坚毅的精神，在当时的文坛独树一帜。同时，傅山还创作过戏剧，对清代戏剧的发展起到了促进作用。

现代以后，山西的新文学也进入了新的发展时期。20世纪二三十年代，石评梅、李健吾、高长虹等作家以其极富特色的作品，在中国文坛上打出一片天地，对推动中国现代文学史的发展作出了贡献。

20世纪40年代以后，赵树理、马烽、西戎、李束为、孙谦、胡正、冈夫等作家以富有强烈现实精神和浓郁地方特色的作品，获得了广大读者的赞赏。他们写出了一大批在读者中产生过强烈反响的小说、电影剧本、戏剧、诗歌，形成了山西现代文学史上的第一个高潮，并且被称为"山药蛋"文学流派，享誉国内外。

进入新时期以来，山西的一批中青年作家，如成一、周宗奇、张石山、韩石山、柯云路、王东满、李锐、张平、钟道新、蒋韵、赵瑜、燕治国等既继承老一辈作家的优秀传统，又锐意求新，创作出了一大批主题深刻、艺术表现手法多样的作品，有了"晋军崛起"的文学现象。

10.3 【欣赏】山西文学流派

在长期的发展中，山西文学形成了自己的特点，出现了众多的文学作品，丰富着山西文坛。

"山药蛋派"形成于20世纪50年代至60年代中期，指以赵树理为代表的一个当代的文学流派。它继承和发展了我国古典小说和说唱文学的传统，以叙述故事为主，人物性格主要通过语言和行动展示，善于选择和运用内涵丰富的细节描写，使用山西农民的语言，讲述山西农民的故事，具有浓厚的地方色彩。其代表作是《小二黑结婚》。赵树理批判借鉴了评书的技法，开拓了一种新评书体，成就了一种中国老百姓喜闻乐见的形式。这篇小说出版以后，被改编成电影、豫剧、评剧、歌剧、连环画等（图10.6）。

小说故事性强是赵树理小说的突出的特点，以小二黑和小芹的恋爱这一事件单线进行，穿插描绘了金旺兄弟的阻挠，情节起伏，同时也穿插描写了三仙姑和二诸葛的可笑故事，使作品展现了多个人物的故事，情节饱满，故事不单调、不枯燥。在语言的运用上，《小二黑结婚》形成了一种通俗化、大众化的特点。比如小说的结尾："小二黑好学三仙姑下神时候唱'前世姻缘由天定'，小芹好学二诸葛说'区长恩典，命相不对'。"

进入 21 世纪，更年轻的一批作家成长起来。他们被称为"三晋新锐"。葛水平以《喊山》《地气》《甩鞭》等中篇小说引起文坛瞩目，并获得了鲁迅文学奖。其长篇小说《裸地》力图展现 20 世纪初以来乡村的沧桑巨变，具有宏大的历史品格。李骏虎在创作了一系列城市题材小说后又着力揭示发生在中国农村的变革，体现出浓郁的文化意味，并以中篇小说《前面就是麦季》获鲁迅文学奖。此外，王保忠、杨遥、手指、杨凤喜、李燕蓉、小岸、陈克海、张乐朋、唐晋、张暄、陈年、苏二花、李禹东等均是比较活跃的青年作家。顾拜妮、王棘等"90 后"也显现出不俗的势头。被誉为凭一人之力把中国科幻文学提升到世界水平的刘慈欣的《三体》被认为是中国科幻文学的里程碑之作，获得了全国优秀儿童文学奖、世界科幻文学雨果奖及轨迹奖等一系列重要奖项（图 10.7）。刘慈欣的小说具有宏阔的视野，从宇宙生命的层面思考人类的意义，蕴含着浓郁的中国智慧与感人力量，产生了极具魅力的国际影响。网络文学也出现了诸如陈锋笑、常舒欣、魏荣朋、刀郎、竹宴小生、董群等作家。

图 10.7 《三体》

随着科幻热潮的涌动，《三体》已经成为家喻户晓的科幻作品，它仿佛是一部横空出世的"神书"，刘慈欣就像中国冲向世界科幻文坛的一匹黑马，这些传奇构成了"刘慈欣现象"，成为文化热点。2015 年 8 月 23 日，刘慈欣凭借科幻小说《三体》获第 73 届世界科幻大会颁发的雨果奖最佳长篇小说奖，这位生长于山西阳泉的科幻作家，一下子被推到了中国科幻文学的最前排。2019 年，又因为科幻电影《流浪地球》（图 10.8），刘慈欣的同名作品再次成为很多人争相抢购的书籍。

图 10.8 《流浪地球》

《三体》由《三体》《三体Ⅱ·黑暗森林》《三体Ⅲ·死神永生》组成，讲述了地球人类文明和三体文明的信息交流、生死搏杀及两个文明在宇宙中的兴衰历程。这篇小说充满了恢宏大气的科幻想象，更包含着人性及社会的关注和反思，有人在评价《三体》说，这部科幻小说将中国的科幻小说"提升到了世界级的水平"。

10.4 【内化】山西文学传承

山西一直是我国的文学大省，文学传统历史久远。从先秦时期荀子、韩非的散文，到唐代王勃、王之涣、王昌龄、白居易、柳宗元、温庭筠等人的诗、词、文，再到关汉卿、白朴、郑光祖等人的剧作，以及罗贯中等人的传世之作，无不振聋发聩，影响深远。中华人民共和国成立以来，以赵树理为代表的"山药蛋派"引领了一个新的文学时代；20 世纪 80 年代的"晋军崛起"，更是山西文学界继"山药蛋派"之后又一次全国性、规模化的展示。

一、"山药蛋派"影响深远

赵树理、马烽、西戎、束为、孙谦、胡正等在 20 世纪 40 年代走上文坛时，就把农民推到文学的中心，完成了在大众化的基础上艺术化的创新，出现了《小二黑结婚》《李有才板话》《吕梁英雄传》等作品。随着中华人民共和国的成立，从山西各根据地分散到全国各地的作家们，在 20

世纪 50 年代中后期陆续回到山西，创作了大量表现新生活的作品。这批山西的第一代作家被文学评论界称为"山药蛋派"，他们不仅身体力行地实践着他们的创作思想，同时发现和扶植了一大批本土青年作家，成为"山药蛋派"的第二代传人。

"山药蛋派"作家们在电影文学剧本创作上也大显身手。孙谦一生创作了《农家乐》《丰收》《葡萄熟了的时候》等近 30 个电影文学剧本，是中国电影文学的开拓者、奠基人之一，后来与马烽合作创作了《泪痕》《咱们的退伍兵》，马烽独立创作了《我们村里的年轻人》(图 10.9)，均为中国电影史上的经典之作。

图 10.9 《我们村里的年轻人》

二、"晋军崛起"享誉文坛

20 世纪 70 年代末至 80 年代初，山西作家创作呈现喷涌之势。"山药蛋派"作家宝刀未老，一批本土中青年作家以及插队和分配到山西的知识青年登上历史舞台。焦祖尧的《总工程师和他的女儿》是中国最早以知识分子为主人公的长篇小说。以成一的《顶凌下种》获 1978 年"全国优秀短篇小说奖"为开端，一支实力雄厚的年轻作家队伍逐渐形成。

文学刊物顺应时代发展。1950 年创刊的《山西文艺》几经更名，从《火花》改为《汾水》，1982 年成为《山西文学》(图 10.10)。1985 年，山西省作协主办的文学期刊《黄河》问世。山西青年作家以两家刊物为阵地，迅速走向全国。同年，《当代》集中刊发了山西青年作家的作品专辑，被文学界誉为"晋军崛起"。

图 10.10 《山西文学》

文学新时期"晋军崛起"，既继承老一辈作家的优秀传统，又锐意创新，创作出了一大批主题深刻、艺术表现手法多样的作品，在当时的文坛形成了一股强烈的冲击波，也将山西文学在"山药蛋派"之后推向了又一个创作高潮。21 世纪以来，山西文学的创作主体、创作内容开始向多元化发展，中青年作家呈现出鲜明的个人风格，无论是题材选择还是艺术追求，都表现出更加广泛、率性、不拘一格的特点。山西文学除了传统项目长篇小说继续保持优势，在其他领域也各有拓展：张锐锋的长篇纪实文学《鼎立南极》荣获中宣部"五个一工程"奖；吕新的中篇小说《白杨木的春天》荣获第六届"鲁迅文学奖"中篇小说奖，也是继王祥夫、赵瑜、蒋韵、葛水平、李骏虎之后第六个捧起鲁迅文学奖的山西作家。2015 年从 8 月的"科幻诺贝尔奖"雨果奖，到 9 月中国科幻文学的最高荣誉银河奖科幻功勋奖，再到 10 月全球华语科幻星云奖最高成就奖。毫无疑问，山西作家刘慈欣已经站在了世界科幻文学的最高峰，也将中国文学的坐标再次定格在了山西。

学习检测

模块五

非遗之美

模块导图

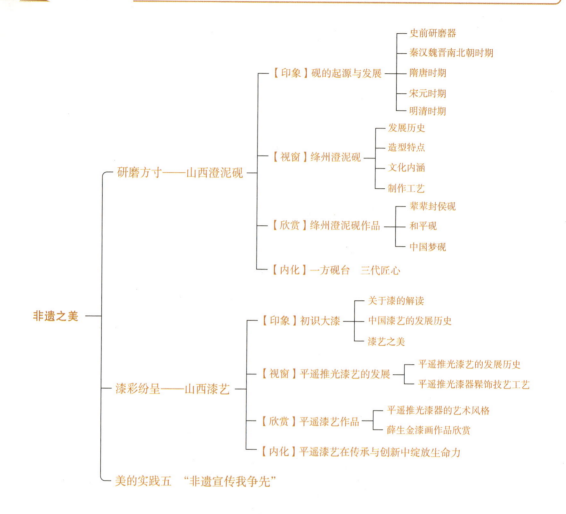

非遗之美
- 研磨方寸——山西澄泥砚
  - 【印象】砚的起源与发展
    - 史前研磨器
    - 秦汉魏晋南北朝时期
    - 隋唐时期
    - 宋元时期
    - 明清时期
  - 【视窗】绛州澄泥砚
    - 发展历史
    - 造型特点
    - 文化内涵
    - 制作工艺
  - 【欣赏】绛州澄泥砚作品
    - 辈辈封侯砚
    - 和平砚
    - 中国梦砚
  - 【内化】一方砚台 三代匠心
- 漆彩纷呈——山西漆艺
  - 【印象】初识大漆
    - 关于漆的解读
    - 中国漆艺的发展历史
    - 漆艺之美
  - 【视窗】平遥推光漆艺的发展
    - 平遥推光漆艺的发展历史
    - 平遥推光漆器髹饰技艺工艺
  - 【欣赏】平遥漆艺作品
    - 平遥推光漆器的艺术风格
    - 薛生金漆画作品欣赏
  - 【内化】平遥漆艺在传承与创新中绽放生命力
- 美的实践五 "非遗宣传我争先"

模块目标

● **素质目标**

1. 提升学生对非遗澄泥砚、平遥推光漆器艺术的感知能力和欣赏水平，培养学生对美的敏感度。

2. 增强学生对本土非遗文化的认同感和自豪感，激发学生的社会责任感。

● **知识目标**

1. 了解山西非遗澄泥砚的发展历史及艺术特点。

2. 了解山西平遥漆艺的发展历史、技艺及艺术特点。

● **能力目标**

1. 具有欣赏优秀非遗作品的能力。

2. 能对不同非遗作品进行分析和评价，理解其艺术特点和设计理念。

任务清单

完成一项学习任务后，请在对应的方框中打钩。

课前预习	准备学习用品，预习课本相关内容	☐
	初步了解砚的起源与发展	☐
	初步了解什么是大漆	☐
课中学习	了解绛州澄泥砚的基础知识	☐
	了解平遥推光漆器漆艺的发展历史及技艺	☐
	具有对非遗作品的感知能力及欣赏能力	☐
	了解大国工匠的故事，传承与弘扬中华优秀传统文化	☐
课后实践	积极、认真地参与实训活动	☐
	主动参与到优秀非遗的传承与创新的行列中	☐
	提高美育素养，能运用所学知识赏析身边的美	☐

单元 11

研磨方寸——山西澄泥砚

导学

　　在中国制砚史上，端砚、歙砚、洮砚、澄泥砚并称中国"四大名砚"，澄泥砚的制作孕于汉，兴于唐，盛于宋，明代达到炉火纯青的水平，自中唐起，历代皆为贡品，至今已有1 800多年的历史。澄泥砚在陕西、山东、河南、河北、山西等地均有制作，尤以"绛州澄泥砚"最为著名，是我国名砚中唯一的陶砚。其质地坚而不燥、滑而且润、色泽多变，手抚温润如玉，受到历代文人雅士的推崇和喜爱。2008年，绛州澄泥砚被列入国家级非物质文化遗产名录。

11.1 【印象】砚的起源与发展

　　砚亦称为研，中国传统手工艺品之一，砚与笔、墨、纸合称中国传统的文房四宝，是中国书法的必备用具。砚文化肇始于中华文化的源头，是中华文明的重要组成部分，是集雕刻、绘画于一身的精美工艺品。

一、史前研磨器

　　砚的起源可追溯到新石器时代。史前研磨器是砚的雏形，其功能作用就是用来研磨固体颗粒的矿物颜料，为使颜料聚集在一起，用力研磨时不四处滚动，将石器平面中间凿一个凹形的孔洞，方便研磨。研磨器采用天然石块为主体，用石器砌凿孔洞而成，制造的研磨器形态简单、质表粗糙，采用柱状石块为研杵主体，稍作磨制，这便是史前研磨器的制作技术。

　　现存于中国国家博物馆的双格石研磨盘（图11.1）是1958年在陕西省宝鸡市北首领出土。长为17.5厘米，宽为14.4厘米，厚为4.2厘米。观此砚，由白色石料雕琢而成，平面近椭圆状，盘面分为大小两个并列的格槽。其尺寸、比例与今人用的实用砚相符。其结构、功能相仿，也有区别。专家认为，这是中国最原始的石砚，也是最早的绘画砚之一。

图 11.1 双格石研磨盘

（图片来源：中国国家博物馆）

二、秦汉魏晋南北朝时期

　　到了先秦之时，绚烂的文化蓬勃发展，文字及书写记录技术的发展使专用于书写的砚随之诞生。湖北云梦睡虎地秦墓出土的战国晚期石砚由鹅卵石打磨而成，外方内圆线条流畅，虽无后世精雕细琢的纹样，但已经展现出有别于此前绘画用砚的精美。除了耐用、易得的石砚，陶、铜等材质的砚也相继出现。

汉代的砚台形制已初步显示了美化的趋势，纹饰、造型多受同期其他艺术形式的影响。砚体多分为砚身和砚盖两部分，砚盖与砚身相吻合，将砚面保护起来。砚的盖顶和足部多以鸟兽圆雕作装饰，厚朴古拙而不失主动。汉代处于青铜时代末期，汉砚造型具有"青铜化"的特征，特别是三足砚的造型。

魏晋南北朝时期，瓷业渐兴发展，出现了瓷砚，多为青瓷砚。以瓷土为胎，施青釉，砚堂无釉，造型仍多为圆形带足。砚足最初沿用汉代的形制多为三足，由于上重下轻结构，三足砚存在不稳定性，研墨时，磨至砚边力度大时，容易发生侧翻。因此根据使用功能的需求，后逐渐演变成多足，以求稳定和平衡。砚足的出现与使用状况有密切的关系。祖辈先人多采用跪坐的起居生活方式，砚足的增加，使人与矮几的距离因砚足高度而减小，更适合人跪、坐时的高度，方便研墨书写。

三、隋唐时期

隋代砚台多见瓷、陶材质，而石砚没有得到进一步发扬，且多为足支形砚。但随着唐以来，社会稳定、文化发展，唐朝时期砚形结构加大了砚面的倾斜度，在倾斜度增加的同时也形成了砚池深度的增加，墨汁存蓄容量大大增加。砚池、砚面功能的改进，与唐朝书画对砚的使用要求有着密切的关系。

常见的足支形砚演变为箕形砚，砚面较深，蓄墨量大。双足平底的稳定性，平滑宽敞的砚堂，推研舒畅。初唐，箕形砚四边微弓，较为圆浑敦美。晚唐，渐趋秀挺，四边微凹。箕形砚有圆首、方圆首、花瓣首等形式，又有石质或陶瓷之分。

唐代石质砚材有突出的发展，各地出现了不少独具特色的砚材，如山东青州的红丝砚、广东肇庆的端砚、安徽歙州的歙砚、甘肃洮州的洮砚等。这些优质砚材自唐代问世起，雄踞砚林，奠定了中国名砚的物质基础，历经千年而不衰，至今仍有巨大的生命力。同时，澄泥砚在唐代也开始制作，并且盛于唐，澄泥砚也成为皇室贵族和文人的专属物品。

四、宋元时期

宋元时期的砚形基本是唐代砚形的延续和演变，已从单一的文房用品逐渐发展为欣赏与使用相结合的艺术品。此时的书画艺术呈繁荣态势，文人意趣越发得到推崇。书画的发展对砚提出了更高的使用要求，除讲究发墨效果、存蓄容量外，更为讲究墨色的渲染，这样使砚在使用功能上要求砚池、砚堂完全分离，独立的砚池可以存放研磨好的墨或存放少许清水，挥洒丹青之时，借助水和墨的不同配比，表现远近、浓淡的墨色渲染效果。

抄手砚是宋代的代表砚式，所谓抄手，即可用手抄砚底截取而得名，在唐箕形砚的基础上演化而来。抄手砚将箕形砚的楔足和砚身融为一体，我们形象地称其为墙足。抄手砚底部中间挖空，两侧留有两墙为足形，砚底部从砚尾位置至砚池底部位置挖空呈下降势弧线，再与砚的底部相连。此种形态不仅减轻了砚自身质量，还给拿放砚台设置了区域，即使砚中有墨，也可做到平稳端持挪移，更具使用功能的考虑。抄手砚虽少纹饰，但线条简洁、洗练，每一边缘都刚劲挺

拔。它的端方四直和内敛精雅的风尚正体现了宋代文人士大夫的"理"性情怀。

五、明清时期

砚发展到明清时期，形制几乎和我们今日所见没有差别。明清时期砚的砚足消失，改以砚的底部支撑砚身，砚底部平整，与带砚足形制砚式相比，稳定性是无与伦比的。明清时期砚堂和砚池结构相对比较独立，砚堂平整，砚心略凹，整体形制结构更加简洁。与形制的简洁形成强烈反差的是，雕刻纹饰的繁缛。

明清时期也是砚成为一种工艺美术品的重要历史阶段。这个时期，不仅端、歙、松花、澄泥、红丝、洮河等名砚各擅其长，还出现了水晶、漆砂、翡翠、象牙、玻璃等名贵材质；砚的造型仿古、仿动植物、几何形、随形等，品种增多。纹样题材也更加广博，雕琢技法以阴、阳线刻与浅浮雕为主，以局部的镂空雕，展现出生动、精致的风格。文人题铭砚也发展到极致，题铭内容涉及砚的制作者或拥有者、砚的来源和开采、材质与形制的描写和赞颂，表达文人的认知、感悟、志向等思想情感。题铭书体以行、隶、篆、楷、草为主，旁及金文、石鼓文等。此时，文人雅士参与制砚、刻铭已成为一种风尚。砚的实用性完全被艺术性、欣赏性、陈设性取代，达到材美工巧的追求境界。

11.2 【视窗】绛州澄泥砚

一、发展历史

绛州澄泥砚源于秦汉，最初取以澄泥工艺制作的古砖瓦为砚。魏晋时，制砚艺人受修建铜雀台时制作澄泥瓦的方法的启发创制了澄泥砚。唐代绛州先民前承秦砖汉瓦的澄泥工艺，改进陶砚的制作技法，使澄泥砚的生产达到了前所未有的历史高峰。宋代的澄泥砚，其砚型风格简约而大气、柔美而不失刚劲。常见的有抄手形、钟形、琴形、斧形等造型，有鳝鱼黄、蟹壳青、虾头红等丰富的色泽。

唐宋之后，石质砚的大量开采制作，对澄泥砚产生了一定的冲击，但作为当时的书写工具之一，澄泥砚的生产仍然保持着原有的优势，而且在扩大发展。元代山东柘沟河沿岸，河南虢州和河北滹沱河一带都开始生产。澄泥砚仍然保持着原有的优势，澄泥砚的制作也更趋精细，随形砚也越来越多样。

随着石砚的大量生产，以及铜砚、瓷砚、铁砚、漆砂砚等种类丰富的砚台的出现，明代绛州澄泥砚的生产受到了一定的冲击，由于制作工艺的繁复，澄泥砚的制作便逐渐衰落，目前此时期绛州澄泥砚相关的文字记载尚未发现。明清之际，绛州澄泥砚的生产步入低谷，清末曾一度中断，几近失传。民国十七年（1928年）修订的《新绛县志》中记载："按绛州出澄泥砚，《山西通志》及《绛州旧志》均载记之，可知澄泥砚确为绛州所出。唯在今日，无制之者，盖其法早已失传矣。"

20世纪80年代初，新绛县工艺美术厂曾探索恢复澄泥砚生产工艺，但由于成品率极低，成本过高，市场销路不好，不久便停止生产。1986 年，新绛县博物馆业务馆长蔺永茂与其子蔺涛成立"山西省新绛县绛州澄泥砚研制所"，多方查寻资料、收集图片和书籍，经过多年摸索，上千次试验，逐步熟练掌握各道工序的技术要领，使四大名砚之一的绛州澄泥砚重新问世。

绛州澄泥砚凭借其精良的制作工艺和深厚的文化底蕴先后被认定为"中国驰名商标"和国家级非物质文化遗产，并多次荣获国际殊荣。2019 年，绛州澄泥砚与珐华器、推光漆并称为"山西三宝"。

二、造型特点

现在的绛州澄泥砚在传承古代传统砚式基础上，发展出近百种造型，大致可分为象形类、组合类、肌理类三种造型。

1. 象形类

象形类的砚体造型仿自然界动物、植物及器物等物象之形，除具有生动、逼真的形象特征外，更多赋予其吉祥、辟邪或劝学、修身的特殊含义，通常以完整的形象作为砚体的造型，以立体构图完成砚体造型的刻画，典型的象形砚如"荷叶砚""鱼形砚""鼎形砚""瓦形砚""琴形砚"等。

2. 组合类

组合类砚以风景、器物、人物、动物、植物等多种物象组合而成，如"明月松间照砚""海上生明月砚"，由松树、月亮、海浪等物象组合而成，以营造诗意。

3. 肌理类

肌理类砚是根据砚台的天然肌理、色彩等自然元素与人工雕琢相结合的一种造型，并非特指那种天然成形的造型，即早期通过人工造型与后期烧制时的窑变使作品的自然纹理与雕刻图案浑然一体、交相辉映。因为不可控的因素太多，此类砚数量并不多。

三、文化内涵

绛州澄泥砚艺术根植于民族文化中，在传统文化的滋养下，其文化内涵主要表现在注重人文精神和富有民俗色彩两方面。

1. 注重人文精神

绛州澄泥砚自诞生以来因其上佳的品质而颇为古人推崇，从题材、纹饰到砚铭都彰显了丰富的文化内涵。文人墨客除讲究砚台的形制、雕饰、工艺、产地外，还善用其表达自己的理想抱负，以砚为田，托物言志或赋予诗词歌赋，便是常见的一种形式，使澄泥砚本身具有文学色彩。"辈辈封侯砚""三元及第砚""一品清廉砚"均体现了人文精神追求。其中，"一品清廉砚"借传统文化中"莲花出淤泥而不染"的意象，象征清廉的高尚品质。

2. 富有民俗色彩

绛州澄泥砚受到民俗文化的影响，充分吸纳民间传统物象，以谐音性、象征性、写意性等艺术手法造型写意，充满祈福纳祥的意蕴，主要体现在祈福、祈禄、祈寿等方面。如"五福捧寿砚"以蝙蝠、寿桃的组合表达祈福的美好愿望。

四、制作工艺

绛州澄泥砚的制作原料珍贵，取自绛州汾河湾的取泥场。当汾河进入新绛县境内，河道渐宽，流速平缓，上游流水中所含金、银、铜、铁、镁、铅等多种金属元素及矿物质泥沙沉积成床，形成得天独厚的澄泥资源，是制作澄泥砚的优质原料。绛州汾河湾的泥质干强度偏高、手感滑腻、无砂、可塑性高、韧性强。制砚泥料必须选择较纯净的，黏结度、含沙量适中的制作材料。

泥料需用不同"目"的细密绢箩进行数遍的淘洗、过滤，在过滤到最后两遍时开始添加配料，以增加比重并体现砚的最后成色。再将滤好的泥料装入质地细密的绢袋中，放置在地或挂在某处，使其中的水流出。当袋中的泥料水分被滤去后，还需进行陈腐。具体的做法是先经过成百次的揉泥，其目的在于排除泥料之间的气泡，增加泥的致密度，从而提高成品率。将经过揉制的泥放入缸内，并用塑料布封闭，进行陈腐。陈腐时间为半年以上，这样才能腐化泥料中的有机质，同时使泥料中的分子排列更趋于均匀。

将做好的泥坯（砚坯）置于恒温、恒湿、恒风的环境中（阴干房）慢慢阴干，以便让水分慢慢排出，且使坯体干燥均匀。

砚坯阴干好之后，就可以根据需要在其上刻各种图案了。砚坯雕好之后，在砚堂背面、侧面等部位要用不同"目"的砂纸进行打磨，使其光洁。

窑炉烧制是澄泥砚制作工序中最关键的环节。总体来说，烧制中最关键的是控火。可概括为三个字：稳，慢，匀。但也不能太慢，否则坯体内的游离水、组织水不能及时、均匀地排出。同时升温也不能太快，不然会把通道胀破，造成坯体的破裂。烧制过程中还得控制气氛，即火焰性质。这样小心谨慎地坚持一周左右即可出窑。一般的成品率仅在35%左右。

烧制出炉的成品砚要浸入水中，再用不同"目"的水砂纸将砚的各个面打磨光滑、细腻，使之"抚如童肌"。

以上是绛州澄泥砚生产制作的最主要的工序，而其中每个环节都还有一些细碎的小工序，共计七十余道。

11.3 【欣赏】绛州澄泥砚作品

一、辈辈封侯砚

"辈辈封侯砚"运用谐音性手法进行设计，质感莹润，取长方形作立式随形砚，刻绘了三只大小不同、栩栩如生、活泼可爱的猴子争食桃子的场面，砚面上大猴背着小猴，因"猴"与"侯"谐音，"背"与"辈"谐音，故取"辈辈封侯"之意，借谐音手法表达世世代代高升之愿望（图11.2）。

二、和平砚

绛州澄泥砚研制所蔺涛所制"和平砚"，以和平为主题，用古朴、粗糙的仿自然石为砚体，象征纷繁复杂的大千世界，其间一只衔着橄榄枝

图 11.2 辈辈封侯砚

（图片来源：《山西画报》）

的和平鸽在祥云间飞翔，下方的墨堂好似一轮初升的太阳，由此象征一个和平、繁荣的 21 世纪即将到来，彰显了东方人民博大的胸怀和致力于世界和平的决心和信心。该砚造型简洁，有古朴之感，正是因其对象征性设计理念的运用，荣获 2007 年度联合国教科文组织颁发的"世界杰出手工艺品徽章"奖（图 11.3）。

图 11.3 和平砚
（图片来源：匠人百科）

三、中国梦砚

"中国梦砚"运用寓意性手法进行设计，寓意手法是指借此喻彼、借远喻近、借古喻今、借小喻大，以寄托或隐含某种意义的一种艺术表现手法，也是中国传统民间艺术设计中常用的一种手法。砚面的天安门、长城等标志性建筑与以传统纹饰中的龙与凤分置在砚面左右、来体现中华民族龙凤呈祥的美好寓意（图 11.4）。

图 11.4 中国梦砚

11.4 【内化】一方砚台 三代匠心

三代匠心，守护一方砚台。在三代人的接力守护下，绛州澄泥砚从千年古城新绛走向世界舞台。

一方砚台 三代匠心

参考文献

［1］安令梅.澄泥砚形态构成因素分析［J］.太原城市职业技术学院学报，2011（08）：155-156.

［2］史宏云.绛州澄泥砚的艺术特征［J］.民族艺术研究，2013（02）：106-111.

［3］蔺涛."国之宝"绛州澄泥砚［J］.收藏，2010（09）：122.

［4］辛旭龙，蔺涛.新时代下澄泥砚的创新与发展——以"砚者心"系列澄泥砚作品为例［J］.当代文坛，2020（02）：8-9.

学习检测

单元 12

漆彩纷呈——山西漆艺

导学

在山西平遥，流传着这样的一个顺口溜："平遥有三宝：牛肉、漆器、长山药。"由此可见平遥漆器在当地人心中的不凡地位。经过漫长的岁月长河，平遥推光漆器在平遥这座底蕴深厚的历史文化古城中孕育并传承了下来，其独特的艺术特色和深厚的文化内涵，是中国传统文化中一枝秀丽的奇葩。平遥推光漆器亦是我国四大名漆器之一，是现代中国漆器不可忽略的重要组成部分。

视频：中国漆器的历史渊源导学

12.1 【印象】初识大漆

中国是大漆的故乡，是世界漆艺的发祥地。从河姆渡遗址里的一只髹漆木碗（图 12.1），开启了七千年前中华民族的髹漆历程。漆艺的发展经过了战国秦汉的高峰、唐宋的复兴、明清的繁荣，传承至今，给人们留下了宝贵的财富。大漆生来具有隔水、耐磨及如玉般温润的光泽……在中国历史上书写出一曲曲千年不腐的美丽神话！

图 12.1　河姆渡遗址出土的髹漆木碗

一、关于漆的解读

在古代油漆这两个字的油指的是桐油，漆指的是大漆（Chinese Lacquer），又称天然漆、生漆、土漆、国漆。

漆树是中国最古老的树种之一，早在新石器时代，先民们就发现我国生长有这种宝树。春秋战国时期漆树就成为重要的经济植物被大批人工种植。

视频：关于漆的解读

漆树（图 12.2）是一种落叶大乔木，每当从 4 月到 8 月，割开漆树树皮，就会流出白色的乳液，这就是生漆，也是人们常说的大漆。"漆"字原本写作"桼"，象形字，上有木下有水，中间的一撇一捺如割漆留下的刀痕，正是对采集大漆（图 12.3）的真实写照。大漆含的是天然漆酚、漆酶，是一种非常环保的天然材料。民间流传着这样一句检验生漆的口诀："好漆清如油，照见美人头，摇动虎斑色，提起钓鱼钩。"

中国是大漆髹饰艺术的发祥地。我国发现和使用天然生漆可追溯到 7 000 多年前，从史籍记载"漆之为用始于书竹简"，到"舜作食器""禹作祭器"，再到明清宫廷庙宇中的建筑、家具，处处彰显着大漆的风采。

图 12.2　漆树

图 12.3　割漆

👆 **科普小知识**

漆为什么会咬人？

接触过大漆的人都知道，初学漆艺，首先都要过大漆过敏这一关。这是因为生漆有毒，它含有一种特殊的物质，如果沾在皮肤上，容易引起人的皮肤过敏或中毒，又痛又痒，因此被人误认为咬人。中医称生漆引起的皮肤过敏为漆疮，民间称漆痱子、漆咬。

生漆引起皮肤过敏，主要是由于生漆中的漆酚所致。干固的大漆，因为漆酚聚合，是不会引起过敏的。其实干漆在中药上还有通经、驱虫、镇咳的功效。甚至某大学研究小组发现，漆树酸虽具有一定的毒性，但有改善神经异常的作用，也可当作强心剂用于医疗。

二、中国漆艺的发展历史

中国是世界上最早使用漆的国家，漆器的发明体现了中国古代先民的伟大智慧。漆器在历史的长河中不断地丰富、完善和发展，成为举世瞩目的珍贵宝藏。

距今约 7 000 年的河姆渡文化时期，中国先民开始使用朱色漆髹涂于木胎器物上。夏、商、西周及春秋时期出现用绿松石、蚌片、龟甲、石片、金属等镶嵌于漆器上。春秋时期，漆器走向了制作工艺的成熟期。中国实用漆器在战国时期进入高峰期，因质轻、色美、耐用成为生活用具首选。秦汉时期，中国漆器产量增多、分布广泛，西汉已出现了千亩的大型漆园，各地市场"木器髹者千枚"。

三国、两晋、南北朝时期，漆艺发生了重要转折，实用地位渐被瓷器取代，向装饰功能转型。隋唐时期的民族融合、经济和文化的繁荣使漆器艺术更加璀璨光华。其间，漆器制作工艺流传到朝鲜半岛、日本、东南亚诸国。时至五代、宋、元，发达的手工业和尚文重理的观念使漆器呈现精雅的面貌，制作考究，并在贸易和交流的促进下得到进一步发展。

明清时期，中国漆器制造更加繁荣。由于皇室对漆器的青睐，明代宫廷作坊——果园厂对漆器制造采取集中方式，由国家监管，汇聚了全国的精工巧匠，其生产的大量漆器成为后世难以企及的一个高峰。特别是乾隆时期，百工炫巧争奇，雕漆、描金漆、填漆戗金、嵌螺钿、百宝嵌等工艺发展到了炉火纯青的境地。清代晚期至民国，战乱频发，国势衰颓，漆器制造业进入衰落时期。但在有些地方，制漆业仍在发展，如福建沈氏所制脱胎漆器，曾在万国博览会上获殊荣；扬州镶嵌漆器、福建脱胎漆器、山西款彩漆器、贵州皮胎漆器等作坊也独树一帜。

中国是大漆髹饰的发祥地。大漆髹饰在几千年的历史中积淀的追求极致的精神价值，成就了它独特的美感和文化内涵，这种无与伦比的品质也是漆器制作虽然耗工繁巨，却能够几千年不间断地得以传承的原因。

三、漆艺之美

漆之美，在于它的外表——坚牢于质、光彩于文；漆之美，更在于它的内里——滴漆入土，千年不坏；漆之美，最美在于它以七千年之躯，承载了华夏大地文化之魂。认识漆，就是认识我们民族的历史；了解漆，就是了解我们文明的根基。让我们从漆器之色、漆器之形、漆器之纹，分别感受中华文明瑰宝的魅力！

1. 传统漆器的色彩之美

漆器的色彩语言和色彩风格极为显著和独特，在关于漆器的记载中，《韩非子·十过》曾书："禹作为祭器，墨染其外，而朱画书其内。"黑、红两色是中国古代漆器最具代表性的颜色，也是其主要色调。从战国到汉代，漆器都没有出离这个框架。朱红明快热烈，黑漆沉寂凝重，红黑对比，衬托出漆器的典雅和富丽，呈现强烈的装饰效果，器物具有稳健、端庄之美。

视频：漆器之色

黑色象征广博、深厚，红色象征吉祥、喜庆，两种色彩的特性在与漆相调配和使用的过程中得到了充分的发挥，能完全代表和反映天然漆坚韧而又柔和、光洁的特点。这对高纯度和低明度的色彩相配，深沉而不沉闷，华贵而不招摇，极符合中国人的审美要求。其他色彩几乎不能取代这两种色彩的价值功能和视觉效果。以红、黑色为主基调的漆绘风格便成了中国漆器的主旋律。

随着漆器工艺的发展，髹饰工艺花样翻新，不断进取。历代匠人调配出许多前所未有的漆色，如珊瑚红、淡黄色、橘黄色、白色、苹果绿、松绿等鲜艳的色彩。有的涂层光色含蓄；兑入金粉、银粉或颜料后髹涂并且推光，产生变幻无穷的美丽色泽；有的色彩斑斓，漆面嵌贴金、银、螺钿、蛋壳，成为更为华美的装饰。漆器色彩变得更加丰富多彩、精妙绝伦！大漆髹饰技艺在一代代匠人的传承下变得更加异彩纷呈、层层出新！

2. 历史中的漆器形制之美

"形而上者谓之道，形而下者谓之器"，作为最早发现和使用大漆的国家，漆在我国的最初意义在于器用。由于大漆可以融合多种材质作为其漆胎，因此产生的器型也较为丰富。我国漆器工艺历经商周直至明清达到了相当高的水平，其形制精彩纷呈，多种多样，如古代的兵器、乐器、车马、建筑等都离不开漆的髹饰，

视频：漆器之形

还有基于脱胎技艺，器形宛如雕塑，不拘一格，常见的有佛造像、人物肖像等，还有以动物为原型创作的器物。除此之外，漆器大多形制还是属于家具类及日用品范畴，也是流传至今最多的漆器类型。我们今天可见的大量楚汉漆器，唐宋元明清的漆器，风格不一，美不胜收。

纵观历史，漆器大致可分为饮食器类、生产用器类、兵器类、家具类、屏类、文具类、乐器类、肖像类、艺术欣赏品类……形制之多，可谓贯穿人们生活的方方面面。伴随着人们的生活，展示着静态的美。

3. 漆器传统纹饰之美

劳动与生活是艺术创作的源泉，古代的漆器艺术具有洗练、优美、实用

视频：漆器之纹

的特点，这是由当时人们的劳动实践与生活所创作决定的。漆器的装饰图案是中华文化原始思维中意象世代相传及逐渐积淀的结果。漆器纹饰的美不仅仅在其描绘自然与生活，更是一种韵律的图形或抽象符号的精练表现，是人们通过长期领悟、提炼，概括、总结而创造出来的美。

漆器的纹饰图案主要集中在花鸟、风景、人物、动物、静物及历史故事题材等几大题材，如人们常用来托物言志的梅、兰、竹、菊四君子，分别代表着中国传统文化中的高洁、清逸、气节和淡泊的四种品格，漆器的图案创作正是源于对这种审美人格境界的神往。

漆艺在历史的长河中历经数千年，纹饰变化更是如浩瀚星空，多彩灿烂。在我们所看到的漆艺作品中每一个纹饰、每一笔描绘都离不开匠师们独具匠心的设计及巧夺天工的制作。每一件打动人心的作品均离不开对历史的解读、对生活的品味，数千年的中华文明给我们留下了丰富的宝藏，细读生活是我们艺术创作最好的源泉！

12.2 【视窗】平遥推光漆艺的发展

一、平遥推光漆艺的发展历史

平遥推光漆艺的 发展历史　　视频：古城话漆

二、平遥推光漆器髹饰技艺工艺

平遥推光漆器髹饰技艺主要由制胎—裱布刮灰（灰胎）—髹漆工艺（漆胎）—推光工艺—髹饰技艺五道工序组成。

1. 制胎

传统的平遥漆器胎底材料多为木胎，也有用牛皮、羊皮做胎的，还有布胎、纸胎、藤编胎、陶胎等。木胎的主要原料是不含油性的木材，如榆木、柳木、椴木等。所用木材需自然晾干或烘干水分，再根据形制要求进行制作。

2. 裱布刮灰（灰胎）

传统漆器髹饰前需在木胎上裱布刮灰。灰胎的这道繁复工序是保障漆器质量的前提。经过裱布刮灰的器胎阴干后将会变得非常坚固。

3. 髹漆工艺（漆胎）

髹漆，漆工俗称"上漆""涂漆""刷漆"。在平遥推光漆器的制作中是指在灰胎上刷漆直至表面平整，再放置阴房阴干的过程。一件好的漆胎的髹漆工序会达到十几道以上。

4. 推光工艺

平遥漆器以推光得名，一般所说的推光工艺是指将面漆用手掌推磨抛光的过程。平遥艺人会根据不同的髹饰技艺而采用先推光还是后推光的工序。

工匠们用瓦灰、棉布、丝绢或头发蘸麻油和瓦灰在器物的大漆表面推搓，并且强调一定要用少女的头发来推磨，认为这样推出的光亮会更加柔美，这个规矩延续至今。推光工艺要求"手下有眼，手下有感"，尽管平遥漆器艺人多为男性，但是推光这道工序通常由手掌细腻、手感敏锐的女性完成。这一切凭眼力、凭心细、凭感觉，直至使漆面达到光亮如镜的效果。

5. 髹饰技艺

技法创作是对推光漆面的锦上添花，髹饰是平遥漆器工艺技法的古称。在清朝以前，平遥推光漆器技法以素底描金为主，现在平遥漆艺主要包括描金彩绘、平金开黑、堆鼓罩漆、勾金罩金、蛋壳镶嵌等 30 多种技法。其中著名的堆鼓描金、三金三彩等工艺属于平遥特有的髹饰技艺。

12.3 【欣赏】平遥漆艺作品

一、平遥推光漆器的艺术风格

平遥推光漆器历经千年传承，其中蕴含着丰富的人文内涵，不仅是中国传统文化艺术的重要组成部分之一，更是我国研究漆艺文化的"活性资料"。平遥推光漆器髹饰技艺作为山西传统漆艺文化的艺术代表，以手掌推光和描金彩绘髹饰的精湛技艺而备受推崇。推光漆器发源于山西中部的平遥县，传布至北方各地。用炼制过的大漆髹饰木器家具和精致器皿，经过漆后细磨，磨后再漆，反复数遍，然后用手掌推擦出光泽，再经多种工艺绘饰出山水花鸟、亭台楼阁或人物故事，工序细致复杂。外观古朴雅致、构造精细、漆面光洁，绘饰金碧辉煌，手感细腻滑润，环保无毒抗虫蛀，耐热防潮，经久耐用，为漆器中的精品。

视频：推光漆器的
艺术风格及特点

传统的平遥推光漆器是实用与审美结合的载体，作为一种陈设满足了人们的生活要求。富有寓意的装饰图案，又符合老百姓对美好生活的向往，是一种雅俗共赏的民间艺术形式。制作精良考究的漆器正是平遥地区人们求满、求多、求华丽、求富贵的生活愿景的实物体现。

二、薛生金漆画作品欣赏

《玉宇琼楼》这件作品是平遥的传统工艺，堆鼓描金，采用传统法的三色金为漆色绘制而成。气势俊秀的亭台楼阁在黑色背景上更显层次分明、古韵盎然（图 12.4）。

图 12.4　作品《玉宇琼楼》（作者：薛生金）

《唐宫伎乐图》为国家级工艺美术大师薛生金的作品，作品采用"三金三彩"等工艺将不同的仕女人物造型，通过填彩、贴金、开黑、开脸等工艺绘制而成，表现了一群具有唐代古风造型的仕女形象。该作品主要表现了唐代宫女夜间演奏的场景，其中宫女各司其职吹拉弹唱神态动作各有不同，衣袂飘飘，宛若仙宫中人，画面灵动、富有神韵。虽然是静景，可是观看者仿佛能够身临其境，聆听这美妙的音乐，观看这变化多端的舞姿（图12.5～图12.7）。

图 12.5　作品描金彩绘《唐宫伎乐图》（作者：薛生金）

图 12.6　《唐宫伎乐图》局部 1　　　**图 12.7　《唐宫伎乐图》局部 2**

《猫蝶图》也是平遥漆艺中较为独特的一支。平遥漆艺国家级非遗传承人薛生金爱猫，故创作中也有许多关于猫的作品，其《猫蝶》之作栩栩如生，人见人爱。猫蝶图在中国画中自古有之，猫同"耄"，蝶同"耋"，以谐音取"耄耋"之寿的美好含义。因寓意美好，耄耋图是历代画家喜爱的题材，薛老将传统写意与现代写实相结合，笔下的猫更是千姿百态、活灵活现、惟妙惟肖。

《百猫戏春图》（图12.8～图12.10）是薛老花费了三年多的光阴创作而成。这幅作品中有101只猫，每一只猫都有不同的神态，经过了多次修改，才最终出现在人们眼前。它是一幅既有装饰性又有观赏性的作品。

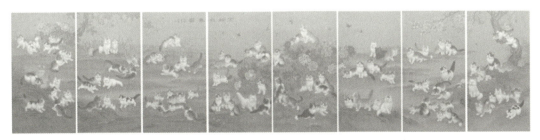

图 12.8　《百猫戏春图》（作者：薛生金）

图 12.9 《百猫戏春图》局部 1

图 12.10 《百猫戏春图》局部 2

12.4 【内化】平遥漆艺在传承与创新中绽放生命力

随着近年来政府与社会各界对非物质文化遗产的不断重视，平遥推光漆器髹饰技艺也得到了地方及政府的关注，在一定程度上有所传承。

平遥推光漆器髹饰技艺作为非物质文化遗产得以传承与保护，离不开工艺美术大师对传统漆艺的传授与恢复。在国家级传承人薛生金老先生的带动下，平遥推光漆器髹饰技艺迭代有序地发展了下来。

薛生金是国家级非遗平遥推光漆器髹饰技艺的代表性传承人。耄耋之年的他不仅坚持创作，还带徒授艺。

在传承观念方面，逐渐摒弃过去工匠"传子不传女""教会了徒弟，饿死了师傅"的保守观念，而是渴望能够将这门手艺发扬光大、代代相传。以平遥推光漆器国家级传承人薛生金老先生为例，他身体力行、悉心带徒（图 12.11），主张师徒切磋技艺、教学相长、共同提高。门下的外姓徒弟达百人之多，其中不乏像梁中秀、贾兴林这样的漆艺大师。

图 12.11 薛生金教徒老照片

传习场所以国家级传承人薛生金、梁中秀大师工作室为代表，还包括永隆漆艺有限公司、恒隆泰漆艺有限公司等企业。2012 年薛氏漆艺有限公司被命名为省级非遗生产性保护示范基地。山西省一些高校、科研院所、文化企业、社会团体等机构也加入非遗的保护中，多方位的漆艺传承系统初步形成。

可以说，中国的漆器跨越了时空的隧道，经历了数千年的辉煌历史。从众位技艺大师的深耕大国工匠精神，到企业及全社会对于民族振兴及文化自信的责任担当，都体现了平遥推光漆技艺的重要艺术及文化价值。平遥漆器作为一个具有浓郁地方文化色彩的传统工艺流传至今，注定会被后人发扬光大。

学习检测

模块六

建筑之美

模块导图

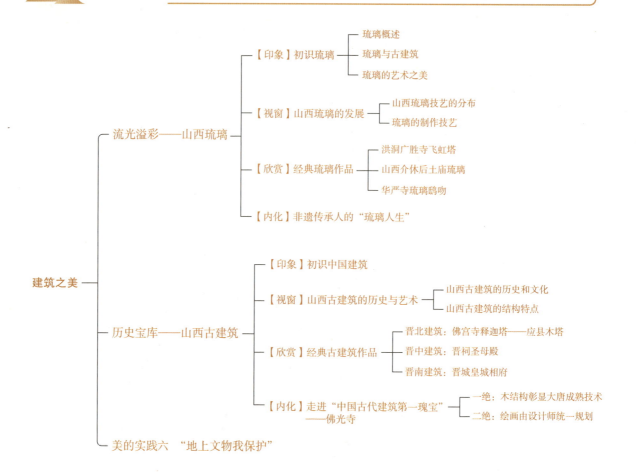

流光溢彩——山西琉璃
- 【印象】初识琉璃
  - 琉璃概述
  - 琉璃与古建筑
  - 琉璃的艺术之美
- 【视窗】山西琉璃的发展
  - 山西琉璃技艺的分布
  - 琉璃的制作技艺
- 【欣赏】经典琉璃作品
  - 洪洞广胜寺飞虹塔
  - 山西介休后土庙琉璃
  - 华严寺琉璃鸱吻
- 【内化】非遗传承人的"琉璃人生"

建筑之美

历史宝库——山西古建筑
- 【印象】初识中国建筑
- 【视窗】山西古建筑的历史与艺术
  - 山西古建筑的历史和文化
  - 山西古建筑的结构特点
- 【欣赏】经典古建筑作品
  - 晋北建筑：佛宫寺释迦塔——应县木塔
  - 晋中建筑：晋祠圣母殿
  - 晋南建筑：晋城皇城相府
- 【内化】走进"中国古代建筑第一瑰宝"——佛光寺
  - 一绝：木结构彰显大唐成熟技术
  - 二绝：绘画由设计师统一规划

美的实践六 "地上文物我保护"

 模块目标

- ●素质目标

  1. 提升学生对建筑的感知能力、欣赏水平，培养学生对美的敏感度。
  2. 增强学生对本土文化的认同感和自豪感，激发学生的社会责任感。

- ●知识目标

  1. 了解山西省建筑琉璃的发展历史及艺术特点、琉璃与建筑的关系。
  2. 了解山西传统建筑形式、文化背景及艺术特色。

- ●能力目标

  1. 具有分析建筑作品的能力。
  2. 能对不同的建筑作品进行分析和评价，理解其艺术特点和设计理念。

任务清单

完成一项学习任务后，请在对应的方框中打钩。

课前预习	准备学习用品，预习课本相关内容	☐
	初步了解什么是琉璃	☐
	初步了解山西的古建筑	☐
课中学习	了解琉璃的发展历史及技艺	☐
	具有对山西古建筑作品的感知能力及欣赏能力	☐
	了解大国工匠的故事，传承与弘扬中华优秀传统文化	☐
课后实践	积极、认真地参与实训活动	☐
	主动参与到文物保护及优秀文化传承的行列中	☐
	提高美育素养，能运用所学知识赏析身边的美	☐

单元 13

流光溢彩——山西琉璃

导学

　　山西是中国琉璃艺术之乡，琉璃的生产有 1 500 年左右的时间。山西境内有丰富的煤矿资源，为琉璃烧造提供了充足的燃料，而制作琉璃所用的坩土是煤的伴生物，这使山西生产琉璃具有了得天独厚的条件。2006 年，"山西传统琉璃制作技艺"被评定为第一批省级非物质文化遗产。2008 年，被国务院公布为第二批国家级非物质文化遗产。

13.1 【印象】初识琉璃

　　琉璃艺术在我国已有千年历史，其最早的文字记载出现在《孝经·援神契》中的"神灵滋液则琉璃镜"。在西汉《盐铁论》一文中也有"碧玉、珊瑚、瑠（琉）璃，咸为国之宝"的记载。[①]

视频：史话琉璃

一、琉璃概述

　　琉璃是我国陶瓷工艺史上的一个重要分支，它在北朝时期继续盛行，但在使用范围上已突破了日用器皿和随葬品的范畴，开始运用在建筑屋顶装饰上。北齐（550—577 年）魏明所著《魏书·西域国》记载："世祖时，其国人商贩京师，自云能铸石为五色琉璃，于是采矿山中，于京师铸之。既成，光泽乃美于西方来者。乃诏为行殿，容百余人，光色映彻，观者见之，莫不惊骇，以为神明所作。自此中国琉璃遂贱，不复珍之。"这是琉璃用于建筑物上最早的记载，也表明这一陶瓷品种有了更广的使用范围和更大的实用价值。

　　琉璃是低温铅釉陶的习称，是一种常用于宫殿、陵寝、寺院、庙宇、宝塔等建筑的装饰材料。琉璃与汉代的绿釉陶、唐代的三彩及陈设性的珐花器等都属于同一系统，只是由于用途和出现的时间不同，故有不同的名称。

　　北京是辽、金、元、明、清五朝故都，大量的宫殿、园林、陵墓、佛塔、寺庙等建筑中都可见到琉璃。北京琉璃烧制始于辽代，门头沟区龙泉镇龙泉务村现有辽代窑场遗址。元代初期，官府在门头沟琉璃渠村设立琉璃窑场，称"官窑"或"西窑"。清代乾隆年间，门头沟官窑出现兴盛局面。琉璃渠村的琉璃烧造技艺由山西省榆次县赵姓琉璃世家传入北京，窑场按清代工部规制烧造琉璃，这一规制一直被视为标准官式烧制法。烧制一件琉璃制品一般要花费十多天时间，经过 20 多道程序才能完成。首先需选用坩子土，经过粉碎、筛选、淘洗、炼泥成型，晾干后入窑

---

① 柴泽俊.山西琉璃［M］.北京：文物出版社，1991.

烧胎，俗称"素烧"。然后施以釉色，再入窑烧造，称为"彩烧"。中国古代琉璃，在我国陶瓷史上占有重要地位，是我国古代文化艺术的一朵奇葩。在这一千多年间，琉璃业相承不衰，历代都留下了许多优秀作品。

二、琉璃与古建筑

琉璃与古建筑

自古以来，琉璃就是中国建筑文化的重要组成部分，是中国传统建筑的标志性元素，更是一种文化符号的传承。

三、琉璃的艺术之美

随着琉璃烧制技术的发展，中国古代殿堂建筑屋顶呈现出不同的色彩。如唐代的高等级建筑采用青绿色琉璃剪边；宋代是选择性地将主体建筑施以绿瓦满铺，次要建筑依旧采用普通黑色、青灰瓦作；金代宫殿建筑满铺绿瓦；元代开始出现黄色琉璃，主体建筑满铺黄瓦，次要建筑采用绿瓦或灰瓦；而到了明清，因琉璃外观华美尊贵，色彩艳丽剔透，制作工艺繁复，造价高昂，且耐雨防潮实用性强，因此被皇家垄断独享，并对其使用有着严格的规定，绝不允许僭越。皇家宫殿及庙堂建筑屋顶满城尽黄，一片金色海洋。且除了屋顶，装饰性构件色彩多为黄绿、白、蓝、青、黑桃红与酱紫诸色，色彩丰富艳丽。把建筑与装饰艺术紧密地结合起来而形成了琉璃艺术的一种新风格，使之在古建筑中更加灿烂夺目。

琉璃的色彩

琉璃有丰富的色彩，但在色彩应用上有严格的规范及意义。古人对色彩的理解，受其所处时代的政治、文化及地域性氛围的影响，因此在对色彩的使用过程中，必然会打上相应时代和地域的烙印，从而使琉璃在千余年来的建筑装饰中形成了一定的色彩审美取向。

形形色色的琉璃装饰构件蕴含了人们祈望幸福、向往美好生活的寓意。如正脊上的象驮宝瓶，寓意"太平有象"也称为"太平景象""喜象升平"，形容河清海晏、民康物阜。照壁的方心内常用鹤、鹿与松树。古人称鹿为"仙兽"，神话故事中有寿星骑梅花鹿；鹿与禄、陆同音，鹤与合谐音，故有"六合"同春之意（"六合"是指天、地、东、西、南、北），也有富贵长寿之说。此外，清代在琉璃部件上还装饰祈祝吉祥的图案，如百福百禄、富贵神仙、晋爵封侯、平安如意、八宝、八吉祥等，更多地加入了人们世俗化的审美意趣。色彩斑斓的琉璃构件及点缀性装饰，使中国古建筑更加璀璨夺目、流光溢彩，别具神韵。

13.2 【视窗】山西琉璃的发展

山西自古以来就是琉璃的发祥地，谈到山西文物古迹及寺庙建筑，或许人们会想起那些色彩斑斓、造型精美绝伦的琉璃制品。从汉代的绿釉陶楼（山西晋南出土）、北魏时期司马金龙墓里的墓俑（山西大同出土），到明代修建的山西大同九龙壁、著名的洪洞广胜上寺飞虹塔……正是这一件件遗留的古物默默见证了山西传统琉璃的发展历程及其以往的辉煌！其历史之久远、造型之丰富绝伦、色泽之多彩艳丽、工艺之精湛卓越、流传门派之众多，星罗棋布于山西省境内，堪称全国之首。

一、山西琉璃技艺的分布

山西琉璃技艺的分布

二、琉璃的制作技艺

琉璃烧制工艺总体可归纳为五大环节：备料—成型（＋干燥）—素烧—釉作—釉烧。每一个环节又由数道不同工序及工艺组成（图 13.1）。

| 备料 | 成型 | 素烧 | 釉作 | 釉烧 |

图 13.1　玻璃烧制工艺

（1）备料：一般分为四道工序：选料—风化—粉碎—陈腐。此外，还有熟料的准备。

（2）成型：一般分为机器加工与手工成型两类。机器加工一般为普通琉璃瓦等。手工成型又可分为纯手工塑形及托活工艺。如做较为简单造型的滴水、沟头这些可以批量复制的构件，一般需要用模具托活后再精修才能成型。如做原始模具或造型独特的琉璃壁画或大型鸱吻等琉璃件，就要凭借工匠师傅纯手工塑形，通过精湛的雕塑技艺才能制作完成，这对匠师的熟练技艺及艺术修养有较高要求。

（3）素烧：不同的窑炉有不同的技术要点，但大多要经过装窑—点火排潮—升温—驻火—出窑这几个工序。干燥后的成型泥坯经过 1 300 ℃左右的高温才能烧制成雪白的琉璃素坯。

（4）釉作：分为配釉和上釉两个工序。其中配釉可分为生铅釉及混合釉。这道工艺较为复杂，虽然现在有很多釉色配方已经公开，但有些古法配方还属各家绝密并未公开，一般只有传人掌握。上釉工序又可称为施釉，是指在烧好的素坯体表面，依最初设计施以不同颜色的釉浆，是釉烧前的必备工序。上釉方法灵活多变、不拘一格，如蘸、喷、浇、刷、吹……具体依照琉璃器物的不同类型及上釉的薄厚而采用相应的方法。

（5）釉烧：是指低温烧制釉色的过程。一般温度控制在 950 ℃左右，这是将施了釉浆的素烧坯体烧制成色彩斑斓的琉璃件的最后一道关键性环节。与素烧相仿，也要经过装窑—点火排潮—升温—驻火—出窑这几个工序，但具体操作有所不同。

琉璃被称为凝固的"美玉"，烧制出来的琉璃有一种雄壮之美，它的铅釉有一种变化之美，而琉璃的艺术形态体现了一种艺术之美。几千年的琉璃艺术给人们一种古朴、简约、原始的感觉，琉璃的特殊色彩也带给人们一种丰富的色彩享受。

知识拓展 ●●●

珐华

珐华起源于山西，是山西人民独创的艺术形态。"珐华"一词出自晋东南方言，意为粉画、粉画，即用袋装粉泥在坯件之上挤粉泥以装饰。珐华是琉璃工匠在实践中创造的一门装饰工艺，并逐渐发展成一种全新的工艺品，琉璃以铅丹作釉，釉色不透明，以低温烧成。珐花以牙硝作釉，釉色透明见底，以中温烧成，显著的标志是立线、隔釉见胎。

13.3 【欣赏】经典琉璃作品

一、洪洞广胜寺飞虹塔

广胜寺的佛塔名为飞虹塔，是中国四大佛塔之一，高十三层，阳光照在塔身的琉璃上，据说会出现七彩虹霓，炫丽璀璨，远看如一条美丽的彩虹，故此得名。飞虹塔位于山西洪洞县城北 17 千米的广胜上寺，塔身琉璃镶嵌，俗称琉璃塔。

现存飞虹塔为明嘉靖六年（1527 年）重建，天启二年（1622 年）底层增建围廊。塔八角十三层，总高为 47.31 米。这座造型别致、艺术高超的琉璃塔，塔呈八角形，分十三级，塔内转折攀登的梯道设计巧妙，直通塔顶。塔身由青砖砌成，层层皆有琉璃出檐，下三层尤其精致，上绘莲花椅柱、佛像、菩萨、金刚盘龙卧虎、奇兽珍禽等色彩艳丽的图案。

飞虹塔轮廓线不是魏晋隋唐以来常见的柔和的抛物线，而是一条直线，比较僵直，但铺满全塔的琉璃贴面反映了山西民间高超的琉璃烧造技艺。明代文人王翰曾作诗赞曰："一塔玲珑驾碧空，满山翠柏起秋风。云生宝殿僧常定，咫尺须弥未许通。"为中国琉璃塔中的代表作。塔与廊巧妙衔接，毫无续貂之感。加之塔正面入口处建造十字歇山式小楼阁（俗称"龟须座""五凤楼""龟头屋"等），丰富了塔廊的内容和塔的总体造型。飞虹塔是中国截至目前保存最完整的古代琉璃塔，被世人誉为广胜寺一绝。

飞虹塔经受了四百余年的风雪侵蚀，坚如磐石，完好无损。塔身由土色琉璃装饰，红日高照，熠熠闪光，远眺仿佛是一条美丽的彩虹，"飞虹塔"名副其实。微风吹过，轻音缭绕，全塔上下百余个铁铃叮当作响，齐奏一曲曲美妙动听的和谐乐章（图 13.2 ～ 图 13.4）。

图 13.2 飞虹塔

图 13.3 飞虹塔局部 1

图 13.4 飞虹塔局部 2

二、山西介休后土庙琉璃

山西介休后土庙琉璃

三、华严寺琉璃鸱吻

位于大同市华严寺的大雄宝殿为金代建筑遗构，此后历经修葺。其中北侧鸱吻为金代原物，高 4.5 米，上宽 2.6 米，下宽 2.8 米，厚 0.68 米，八品对接而成。造型挺拔，色彩以黄、绿为主，兼饰黑色。由吞着正脊的龙口、吻头后部的龙鳞、用力支撑的龙爪和向上卷起的青尾等几个部分组成。其张口吞脊，露出较长的舌头和锋利的龙牙，牢固地衔住正脊，龙须粗壮蜿蜒，龙眼巨大，双眼怒目，尾曲前伸，如一朵鱼尾盘花形象。头上双角粗壮，向后平弯成觭角状，耳后长须向上飘卷，雕刻成卷草纹样。腿、膝自体内突出，爪向下抓，踏在屋顶之上，支撑有力。身内饰鱼鳞片。其背部（实为体内侧）呈水波纹，由下至上整齐排列白色脊椎状物，层层向上出挑，宛如鱼背骨刺，脊梁部分由头后至尾端饰单行圆形连珠体。这两点与其他辽、金建筑中鸱吻相比，尤为独特，颇具异趣（图 13.5、图 13.6）。

视频：琉璃宝殿

图 13.5　北侧鸱吻

图 13.6　南侧鸱吻

13.4　【内化】非遗传承人的"琉璃人生"

太原的苏氏琉璃历经坎坷，从明朝中叶至今传承不息。改革开放后，苏氏传人苏杰老先生为了琉璃的发展打破了不外传的祖训，将秘技传给了外姓的葛原生（图 13.7），并为太原地区琉璃业的复苏作出了巨大的贡献。如今，这位外姓嫡传弟子葛原生不忘初心，又将技艺传授给了苏老先生的长孙——第八代传承人苏永军，并合力成立了太原市山头孔蓝琉璃制品有限公司（图 13.8）。通过不断的试验，解决了琉璃烧制过程中的环保要求。此外，二人致力于创新开发，申请了多项产品专利，其中经过三年的时间研制出一种新型琉璃镶嵌工艺，用于制作牌匾等实用的大众化艺术品，很受大众的喜爱。

102

大学 美育与实践

图 13.7　葛原生　　　　　　　　　　　图 13.8　葛原生和苏永军

　　此外，近几年他们一直尝试开发新产品：文房四宝、龙形笔架，一件件变化琉璃建筑构件的身姿融入百姓的生活，其中小巧精致的琉璃狮子摆件更是走出国门，成为赠送外国友人的精品。

参考文献

"人文清华云"讲坛 http://www.xinhuanet.com/2021-03/05/c_1127173630.htm.

学习检测

单元 14

历史宝库——山西古建筑

有人说"三千年看陕西，五千年看山西"，山西和陕西自古以来便是古代重镇所在，繁衍出众多大家氏族。山西古建与文化更是纵贯数千年，分布于全省域，古人概括山西为"治世之重镇，乱世之强藩"，可谓一针见血，山西是华夏文明起源中心区域之一，它见证了华夏的发展史，亦沉淀了华夏的古建与文明。在三晋大地，留下了随处可见的历史遗址与文化印迹。

14.1 【印象】初识中国建筑

中国建筑之美源远流长，融汇了悠久的历史、多元的文化和独特的审美观念。中国建筑的发展历程伴随着中国历史各个朝代的更迭。

中国建筑

14.2 【视窗】山西古建筑的历史与艺术

山西省在中国的建筑领域有着重要的地位。"地下文物看陕西，地上文物看山西"，山西自古以来就是一个重要的文化和建筑遗产之地，拥有丰富的历史和文化资源。山西的建筑风格独特，代表了中国古代建筑艺术的精华。

山西的建筑遗产包括众多古代建筑群和传统民居。在传统民居方面，山西的木结构建筑和庭院建筑具有独特的特色。山西的传统民居以"四合院"为主要类型，结合了民居与宗祠的特点，注重窗、门、墙、屋面的布置和装饰，形成了独具魅力的建筑风格。

中国古建筑的
特点

一、山西古建筑的历史和文化

山西宏大的古代建筑群有从史前文明到新旧石器部落，从陶寺遗址到夏商遗迹，从晋国都城到秦汉墓地，从唐代佛光寺风韵到元代永乐宫壁画，从宋代晋祠圣母殿侍女像到应县木塔之风铃，从金元戏台到明清晋商大院，山西古建承载着几千年的中华文化，它们或淡妆素裹，或富丽堂皇，其数量之多、规模之大、构件之精、造型之美在全国首屈一指。

山西古建历史

二、山西古建筑的结构特点

山西省位于华北西部、黄土高原东部，地面保存的古建筑为山西增添了一份光彩。山西古建筑的造型结构是通过建筑本身的形态及构成建筑形态的各个重要部分，如屋顶、梁架、柱子、门窗、墙、地面等构件而得以体现的。

1. 屋顶

山西地处黄河流域，因此造型各异的屋顶与南方玲珑雅致的风格相比，显得更加浑厚、庄严。山西有很多屋顶样式，例如歇山顶、硬山顶、攒山顶、平顶、坡顶、圆拱顶、尖顶、卷棚顶等。屋顶造型具有优美舒缓的屋面曲线和先陡急后缓曲的艺术性曲线，形成的弧面也是风格各异，不仅美观，而且受力均匀，对屋顶的排送雨雪也发挥着巨大的作用。特别是用于攒尖顶建筑物转角处的翼角，不仅丰富和烘托了古建筑艺术的完美性，屋脊上各种各样的脊兽给屋顶也增添了几分生动（图 14.1）。

图 14.1　山西古建筑屋顶样式

2. 梁架

山西的古建筑以木结构为主，它的形成是由各种立柱、横梁等主要构件相互穿插而成的，从而形成了形式灵活多样、丰富且富有弹性的框架。建筑内部空间的层次感、丰富性是随着各种梁架的样式变化而产生的不同的视觉美感，使其独具特色的艺术性更上一层楼。在柱子之上屋檐之下有一种由木块纵横穿插、层层重叠组成的构件，叫作斗拱。它是东方建筑所特有的，可承载位于屋檐和屋内空间之间的梁与天花板，并具有极强的装饰效果，其做法及变化也是颇为丰富的。它对古建筑的个性特点做了进一步强化，使山西古建筑的艺术价值得到了更大的提升（图 14.2）。

图 14.2　山西古建筑梁架样式——悬空寺梁架

3. 柱子

支撑屋顶和基座的必要构件是柱子，人们观察古建筑外观的视觉中心也是柱子。柱子由柱头、柱身和柱础三部分构成。古人根据建筑自身的特点和当时的审美需求对柱子的每个部分都加以装饰。通过运用施色、雕刻等装饰手法塑造出寓意不同、造型各异的形态（图 14.3）。

图 14.3　晋祠圣母殿的蟠龙柱

4. 门窗

按照造型，可把门分为出角门厦、平头门厦、拱券门厦、屋顶式门厦等，如屋顶式门厦的上方是用飞鸟、走兽、人物、花草等各式各样的吉祥图案装饰的，下部有既实用又美观的檐柱和抱鼓石，与收放自如的门槛组成了一个有机的整体，中间是厚厚的门或铁皮包身或镶乳钉，并且不同种类的门环又拥有不同的寓意。而窗棂的建筑构件具有非凡的创造性和灵活性。山西古建筑的窗式有长窗（隔扇）、半窗、漏窗三种。不同的窗棂实现了不同的艺术价值。

5. 墙和地面

山西古建筑大多是用长方形的青砖砌墙，室外墙面的颜色通常用砖的自身颜色，但在特殊情况下，有些地方也会在室外墙上涂刷一些矿物颜料，以便对墙体起到保护和装饰的作用，色彩的等级也会相对较高。而将室内的墙面涂刷为白色，画上内容丰富、寓意深远，色彩艳丽的壁画不但对室内环境起到美化作用，还保护了墙体，还可以为人们提供一些关于社会和文化方面的信息，将艺术与文化、实用与美观有机地结合在一起，从而使它的艺术价值得到进一步的升华。

知识拓展

减震设计

中国工程院院士叶可明和江欢成认为，应县木塔千年不倒的原因可从两个方面来解释：从结构力学的理论上来看，木塔的结构非常科学合理，榫卯结合，刚柔相济，这种刚柔结合的特点有着巨大的耗能作用，这种耗能减震作用的设计，甚至超过现代建筑学的科技水平；从结构上看，一般古建筑都采取矩形、单层六角或八角形平面。应县木塔是采用两个内外相套的八角形将木塔平面分为内外槽两部分：内槽供奉佛像，外槽供人员活动。内外槽之间又分别由地袱、栏额、普柏枋和梁、枋等纵向横向相连接，构成了一个刚性很强的双层套桶式结构，这样就大大增强了应县木塔的抗倒伏性能。

14.3 【欣赏】经典古建筑作品

一、晋北建筑：佛宫寺释迦塔——应县木塔

佛宫寺释迦塔位于山西省朔州市应县佛宫寺内，始建于辽清宁二年（1056 年），是世界上现存最高大、最古老纯木结构楼阁式建筑，与意大利比萨斜塔、巴黎埃菲尔铁塔并称"世界三大奇塔"。

应县木塔建筑之美

佛宫寺释迦塔高 67.31 米，底部直径 30.27 米，总质量为 7 400 多吨，主体使用材料为华北落叶松，斗拱使用榆木。木料用量多达上万立方米。整个建筑由塔基、塔身、塔刹三部分组成，塔基又分作上、下两层，下层为正方形，上层为八角形。塔身呈现八角形，外观五层六檐，实为明五暗四九层塔。

佛宫寺释迦塔以其独特的建筑风格、细腻的雕刻和装饰、巧妙的结构设计及古朴典雅的色彩，展现了中国古代木结构建筑的精湛工艺和美的表现。它不仅是建筑学上的杰作，也是中国文化传统的珍贵遗产，具有深远的历史和艺术价值（图14.4）。

图 14.4 佛宫寺释迦塔
（又称应县木塔）

二、晋中建筑：晋祠圣母殿

晋祠位于山西省太原市晋源区晋祠镇，原名为晋王祠，初名唐叔虞祠，是为纪念晋国开国诸侯唐叔虞及其母邑姜后而建。其中周柏、侍女像、难老泉被誉为"晋祠三绝"。晋祠是中国现存最早的祭祀园林，晋国宗祠是中国古代建筑艺术的集约载体，国内宋元明清至民国本体建筑类型、时代序列完整的孤例，附属彩塑壁画碑碣均为国宝；是三晋历史文脉的综合载体，是晋文化系统上溯西周封唐建晋至盛唐肇创文脉传承的实证；是世界王氏、张氏发祥地。殿前八条木雕盘龙，是唐宋古建中仅存的实例。

晋祠以其厚重庄严的氛围、精湛的工艺、独特的屋顶飞檐、与山水融合的设计，以及承载的深厚文化内涵，展现了中国古代宗庙建筑的独特魅力。它不仅是一座建筑，更是中国古代文化的重要载体，也是人们对传统文化的重要研究对象。

晋祠圣母殿建筑
之美

三、晋南建筑：晋城皇城相府

皇城相府位于山西省晋城市阳城县北留镇。皇城相府（又称午亭山村）总面积为3.6万平方米，是清代官员陈廷敬的故居，由内城、外城、紫芸阡等部分组成，御书楼金碧辉煌，中道庄巍峨壮观，斗筑居府院连绵，河山楼雄伟险峻，藏兵洞层叠奇妙，是一处罕见的明清两代城堡式官宦住宅建筑群，被誉为"中国北方第一文化巨族之宅"（图14.5）。

图 14.5 皇城相府

皇城相府建筑群分为内城、外城两部分，有院落 16 座、房屋 640 间，总面积为 36 580 平方米。内午亭山庄导航图城始建于明崇祯五年（1632 年），有大型院落八座。外城完工于康熙四十二年（1703 年），有前堂后寝、左右内府、书院、花园、闺楼、管家院、望河亭等。

晋城皇城相府
建筑之美

山西建筑在北、中、南地区都有各自的特点和风格。北部地区的建筑注重坚固和耐用，中部地区的建筑强调实用，南部地区的建筑融入山水景观和更多的建筑形式。这些地域性特点使山西建筑更加丰富多样，展现了山西地区独有的建筑文化魅力。山西的建筑地位体现在其丰富的文化和历史资源上，这些建筑不仅代表了中国古代建筑的精华，而且是中国文化遗产中的重要组成部分。同时，这些建筑也对研究和传承中国传统建筑文化具有重要意义。

山西建筑给人的感知是坚固、精巧、独特且与自然环境融合，展现了山西地区特有的建筑风格和文化魅力。

14.4 【内化】走进"中国古代建筑第一瑰宝"——佛光寺

佛光寺位于一处东、南、北三面小山环抱，向西开敞的山坡上。寺内主要轴线为东西方向，依据地形处理成三个平台，第一层平台较宽阔，建有金代建筑文殊殿；第二层平台上是近代建造的次要建筑；第三层平台以高峻的挡土墙砌成，上建正殿（俗称东大殿），东大殿后侧紧邻山体。东南侧有师祖塔。寺内现有殿、堂、楼、阁等一百二十余间。其中东大殿七间，为唐代建筑；文殊殿七间，为金代建筑，其余均为明清时期的建筑（图 14.6）。

走进山西佛光寺

佛光寺东大殿坐东朝西最东的高地高出前部地面十二三米。面阔七间，进深四间，单檐庑殿顶，总面积为 677 平方米（图 14.7）。

图 14.6　佛光寺建筑格局图

图 14.7　佛光寺东大殿外观

一、一绝：木结构彰显大唐成熟技术

东大殿的木结构是第一绝，珍贵异常。木结构有三个关键词，分别是斗拱、空间和屋架。

东大殿用的是高等级的七铺作斗拱，为全球现存唐代木建筑中的孤例。所谓铺作，是指构件一层一层往上垒。最底下的一层叫作栌斗；上面垒两层，叫作杪，杪是树梢的意思；再上面两层叫作下昂或者英昂。然后耍头在第六层，衬方头在第七层。数铺作是数突出的部分，出两个头是杪，再出两个尖是昂，这是四层，然后再加三，即隐藏的第一、六、七层，就是七铺作（图14.8）。

斗拱在古建筑中扮演着重要角色，有柱头铺作、补间铺作和转角铺作之分；而柱头与补间铺作的搭配则颇具时代感（图14.9）。

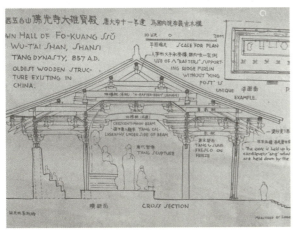

图14.8 梁思成五台山佛光寺建筑图手绘稿

图14.9 佛光寺东大殿斗拱

东大殿的结构是立柱一层、铺作（斗栱）一层，加平闇（吊顶），平闇上面是草架（屋架）。

屋架的核心要点在于有一对斜叉手顶着脊槫。古代建筑从辽代一直到明清，所有的叉手中间会加一个小柱子——蜀柱。佛光寺东大殿特别符合"结构理性"——没有蜀柱的结构要求。

二、二绝：绘画由设计师统一规划

东大殿的第二绝便是绘画，一类是建筑彩画，另一类是壁画。彩画只是涂了点装饰，殿内的佛像画比彩画复杂很多，释迦牟尼须弥座后面还有一幅唐代的画。殿内其他地方的壁画就是明清的了。佛光寺内有着中国在敦煌石窟以外真正的唐代壁画（图14.10、图14.11）。

图14.10 佛光寺壁画

图 14.10　佛光寺壁画（续图）

图 14.11　佛光寺彩塑

参考文献

"人文清华云"讲坛 http://www.xinhuanet.com/2021-03/05/c_1127173630.htm.

学习检测

模块七

工艺之美

模块导图

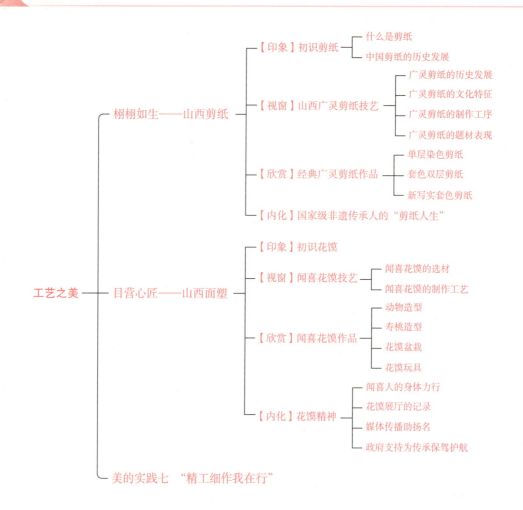

工艺之美

栩栩如生——山西剪纸
- 【印象】初识剪纸
  - 什么是剪纸
  - 中国剪纸的历史发展
- 【视窗】山西广灵剪纸技艺
  - 广灵剪纸的历史发展
  - 广灵剪纸的文化特征
  - 广灵剪纸的制作工序
  - 广灵剪纸的题材表现
- 【欣赏】经典广灵剪纸作品
  - 单层染色剪纸
  - 套色双层剪纸
  - 新写实套色剪纸
- 【内化】国家级非遗传承人的"剪纸人生"

目营心匠——山西面塑
- 【印象】初识花馍
- 【视窗】闻喜花馍技艺
  - 闻喜花馍的选材
  - 闻喜花馍的制作工艺
- 【欣赏】闻喜花馍作品
  - 动物造型
  - 寿桃造型
  - 花馍盆栽
  - 花馍玩具
- 【内化】花馍精神
  - 闻喜人的身体力行
  - 花馍展厅的记录
  - 媒体传播助扬名
  - 政府支持为传承保驾护航

美的实践七 "精工细作我在行"

模块目标

● 素质目标

1. 提升学生对工艺的感知能力、欣赏水平，培养学生对美的敏感度。
2. 增强学生对本土文化的认同感和自豪感，激发学生的社会责任感。

● 知识目标

1. 了解山西省剪纸、面塑的发展历史及艺术特点。
2. 了解山西传统工艺形式、文化背景及艺术特色。

● 能力目标

1. 具有分析剪纸、面塑作品的能力。
2. 能对不同剪纸、面塑作品进行分析和评价，理解其艺术特点和设计理念。

任务清单

完成一项学习任务后，请在对应的方框中打钩。

课前预习	准备学习用品，预习课本相关内容	☐
	初步了解什么是剪纸	☐
	初步了解山西的面塑	☐
课中学习	了解广灵剪纸的发展历史及技艺	☐
	具有对山西面塑作品的感知能力及欣赏能力	☐
	了解大国工匠的故事，传承与弘扬中华优秀传统文化	☐
课后实践	积极、认真地参与实训活动	☐
	主动参与到精工细作及优秀文化传承的行列中	☐
	提高美育素养，能运用所学知识赏析身边的美	☐

单元 15

栩栩如生——山西剪纸

导学

　　中国民间剪纸艺术历史悠久、源远流长，是劳动人民为满足自身精神和物质生活的需要而创造并流传下来的民间艺术，是我国各民族人民经过世代的积累而创造的文化结晶，蕴含着浓郁的乡土文化气息，反映了广大劳动人民的生活和审美情趣。中国幅员辽阔，因地理环境的不同、生活习俗的不同、审美趣味的不同而形成了不同的地方特色。目前，民间普遍把剪纸艺术分为南方剪纸和北方剪纸两个流派。南方剪纸精巧秀丽，北方剪纸粗犷朴拙，体现了中华民族的艺术特色和本土精神。

15.1 【印象】初识剪纸

　　中国剪纸是一种用剪刀或刻刀在纸上剪刻花纹，用于装点生活或配合其他民俗活动的民间艺术。在中国，剪纸具有广泛的群众基础，交融于各族人民的社会生活，是各种民俗活动的重要组成部分。其传承赓续的视觉形象和造型格式蕴含了丰富的文化历史信息，表达了广大民众的社会认知、道德观念、实践经验、生活理想和审美情趣，具有认知、教化、表意、抒情、娱乐、交往等多重社会价值。

剪纸印象

中国剪纸发展

一、什么是剪纸

　　民间剪纸善于把多种物象组合在一起，并产生出理想中的美好结果。人们祈求丰衣足食、人丁兴旺、健康长寿、万事如意，这种朴素的愿望，便借托剪纸传达出来。

二、中国剪纸的历史发展

　　剪纸艺术自诞生以来，在中国历史上就没有中断过。它充实于各种民俗活动中，是中国民间历史文化内涵最为丰富的艺术形态之一。

15.2 【视窗】山西广灵剪纸技艺

　　山西广灵剪纸是山西省广灵县的一项传统手工艺术，也是中国剪纸的一种流派。广灵剪纸以其独特的造型和精美的剪裁技巧而闻名。广灵剪纸作品多样化，涵盖了动植物、人物、神话传说等各种题材。这些剪纸作品不仅体现了山西地区的传统文化，而且展现了手工艺术的独特魅力。

广灵剪纸作为中国传统民间剪纸三大流派之一，以其生动的构图、传神的表现力、细腻的刀法、考究的用料与染色、精细的包装制作工艺独树一帜，被誉为"中华民间艺术一绝"。

一、广灵剪纸的历史发展

广灵剪纸源远流长，寻根发脉可上溯到周成王剪桐封虞，周成王把桐叶剪成"圭"形赐给弟弟叔虞，封之于唐。这个桐叶"圭"即最早出现三晋大地上的剪纸品，已有3 000多年的历史。

自汉代开始，广灵就有剪纸图样，最初多是衣物的装饰花边，帽子的花纹，鞋面的绣花，袜子、袜底的单色图纹，大都是简单的几何图形花纹、花鸟鱼虫等。这个时期的剪纸作品为"花样"，属于"花样时期"。广灵剪纸的雏形可追溯到初唐，"镂金作胜传荆俗，剪彩为人起晋风"，正是诗人李商隐对当时广灵剪纸的真实写照。广灵剪纸的形成大约在明代，其独特风格的成熟期则在清道光年间，流传下来并成为山西剪纸的缩影。晚清时期，广灵县焦山乡张太明之母是当时远近闻名的剪纸高手，四乡八村都向她讨要剪纸图样，后来在广灵地区形成的张氏剪纸底样，大多是由她的绣花样演变而来。张太明在母亲的影响和启发下，对祖传的绣花样子的剪刻手法进行了大胆创新，经过多道工序制出各式各样的彩色窗花成为完善广灵刻纸点染、彩色窗花的创始人。

20世纪以后，广灵剪纸逐渐引起了人们广泛的关注。许多剪纸艺人开始将广灵剪纸作品展示在各种展览和艺术活动中，使其得以更广泛地被人们了解。同时，广灵县政府也积极推动广灵剪纸的保护和传承，设立了专门的剪纸艺术教育机构和展览馆，为广灵剪纸的传统技艺传承提供了支持。

如今，广灵剪纸已经成为山西省乃至全国乃至国际上的一项有影响力的传统艺术形式。其独特的创作风格和精湛的剪裁技巧受到了广大艺术爱好者的喜爱。它不仅体现了山西地区的传统文化，而且代表了中国剪纸艺术的独特风采。

二、广灵剪纸的文化特征

广灵剪纸俗称窗花，是由传统刺绣工艺演变而来，在广灵乡间几乎每个百姓都会剪窗花。忙时舞弄庄稼，一旦得有闲暇，便舞弄起剪刀，刻剪起心中早已成型的剪纸作品。许多年来，当地的百姓每逢中秋节、春节刷房、糊新窗纸，为增添一些喜庆色彩，许多人家都要剪制窗花来装饰窗户，以表达对美好生活的憧憬之情。广灵染色剪纸以鲜艳的色彩、生动的造型、纤细的线条、传神的表现力和细腻的刀法独树一帜。作品色彩凝重而艳丽，既有塞外之野趣，又存关内之隽秀，完全符合民间美术的用色特征，具有充分的饱和度，红、黄、蓝、白、紫等响亮的色彩组合，犹如一幅幅色彩绚丽的装饰画，用平面的手法将色彩做概括处理，使画面形成冷暖、纯度、亮度的对比；犹如一幅幅淳朴、奔放的写意画，粗犷明朗，随意诙谐，营造出一种"似与不似之间"的境界。

广灵剪纸大多为阴刻，强调各色块之间的对比和统一。

广灵剪纸文化底蕴深厚，以刀刻为主，剪裁为辅，阴刻阳镂结合，刀法细腻，深浅色相间，冷暖色调对比，艺术风格鲜明，想象力生动，表现力强，生动传神，用料与染色考究，包装制作精细，在世界剪纸艺术长廊中独树一帜。

三、广灵剪纸的制作工序

广灵剪纸的制作工序大体可归纳为五大环节：确定样稿—下料—剪刻—染色—装裱（图15.1）。每个环节又由数道不同工序及工艺组成。

图 15.1　广灵剪纸的制作工序

（1）确定样稿：广灵剪纸设计样稿是根据设计雏形经过一定比例的放大，手工绘制出来的。

（2）下料：根据样稿的大小裁剪纸张。广灵剪纸使用的是宣纸，质感强，均匀细腻，能够很好地着色，并能够很好地体现颜色的层次。下料时将样稿对齐，将纸张铺在宣纸上，再用剪刀裁剪纸张，裁好后，对纸张做一定的处理，先在地上铺一张塑料布和白纸，把纸放在白纸上，向纸张倒水，纸张上再铺一层厚报纸，踩 1～2 分钟，纸张形成一个直板，把纸张挂在通风干燥处阴干。阴干后用纸镊固定好样稿和纸板就能雕刻了。

（3）剪刻：为了刻透所有的纸层，在剪刻前准备好一块蜡板。蜡质较软，不会夹刀和损坏刻刀，刻制时手指和手腕的力像拉锯一样，下刀时施加向后和向下的力，刀刃在纸里向后走，拔刀时直接上提，不要再给刀刃施加任何切割力。在整个刻制过程中刀刃的方向尽量朝向刻制人员。

（4）染色：整个样稿雕刻完成后，将样稿撕下，准备染色。先进行品色，也就是配色。在植物颜料里（添加酒精和冰糖水添加酒精可以使颜料的渗透力更强，添加冰糖水可以使颜色更加鲜亮），一般在颜料中添加浓度为 50% 的酒精，冰糖要先融化，制成冰糖水备用。酒精、冰糖水和颜料的比例为 1∶1∶8。染色需要的每种颜色都要现用现调，保证颜料的鲜艳度。广灵剪纸染色主要有三种技法，单色染、套色染和洗色染。单色染就是一个颜色染在一块上；套色染分为一种颜色套染和多色套染，套色染主要体现颜色之间的过渡；洗色染是把边缘上的颜色用酒精或用水染上色以后，把它涂淡、涂均匀，洗色染体现画面的层次感。

（5）装裱：一般小型剪纸装裱成册页式，中型剪纸装裱成镜框式，大型剪纸装裱成卷轴式。

广灵染色剪纸主要采用刀刻染色技法制作，前后需经过设计图样、熏、刻、剪、染等多道工序，根据其表现形式可分为阳刻、阴刻、折叠、染色、套色、洗色、单色等类型。

广灵剪纸中一个成品剪纸要经过图样设计、湿、踩、晾、晒、刻、染、包装、装裱等 38 道工序制作而成。其中染是一道非常有讲究的重要工序，着色时用上好白酒调色，调配较深的颜色可加少量白矾，这样既能使涂上的颜色鲜艳水灵，又能保证剪纸存放较长时间。

广灵剪纸大多为先刻后染，一部分采用套色剪纸手法，即根据设计图案的需要，在单色剪纸的基础上，用不同颜色的剪纸根据先重后淡的原则进行套衬，有二色套、三四色套，使剪纸艺术呈现出现代自然、透视、立体的效果。

知识拓展 ◦◦◦

广灵染色剪纸

广灵剪纸用品色加白酒点染的彩色剪纸，改变了原来红、蓝、黄的单色剪纸，形成了独具特色的地方民间艺术。用品色稍加酒精调和后点色的优点是，一次可染透十几张，而且只向下层渗透，不向四周浸透，待一种色晾干后，再染另一种色，以免串色。经过多年的摸索，民间巧匠点色时在颜料中加入料酒，在调配深色时加入白矾，使窗花的颜色持久保留，在调配较为浅嫩的颜色时，还加入少量冰糖，增加了颜色的亮度。

四、广灵剪纸的题材表现

广灵染色剪纸题材广泛，可以表现十二生肖、花鸟鱼虫、戏剧脸谱、神话传说、现代人物、自然风貌、人文景观、劳动生活场景等多方面的内容，丰富翔实，应有尽有。

广灵剪纸作品形式多样、内容丰富。有反映人们期盼生活平安、风调雨顺、五谷丰登的愿望；还有鸟虫鱼兽、草木花卉、瓜果菜粮等表现生活、象征幸福吉祥的图案，通过借喻、比拟、双关、象征、谐音等注入了寓福呈祥、驱邪避灾之意，它符合人们共同追求祥和、康泰、喜庆的审美理想和情感需求；还有对农村民俗生活的描绘等，如《威风锣鼓》，以红色为基调，用阳刻的手法，把喜庆活动从视觉到听觉传达出来。画面完整连贯，构图饱满，人物造型生动，纤巧里显纯朴，浑厚中透细腻，有浓郁的乡土气息。

广灵剪纸的题材表现

15.3 【欣赏】经典广灵剪纸作品

一、单层染色剪纸

广灵染色剪纸，制作工具是刀，民间艺人凭借多年的功力，一刀下去可以刻透七八十层的宣纸，制作效率很高。刀刻之后就是染色了，不用将刻好的一层层宣纸分开，特制的酒剂染料可向下渗透，能达到染上面一张而可得到下面数张的晕染效果（图15.2）。广灵染色将剪纸技艺和彩色点染技术相结合，形成一种融合绘画与剪纸的民间造型艺术。它在发展过程中，受到壁画、工笔重彩、皮影年画、书法篆刻等多种传统艺术的影响而形成。有别于其他民间剪纸作品，广灵剪纸五彩斑斓的色彩中流露着简中求繁的特征，而且用色极为大胆，讲究高纯度的互补色搭配，点染时注重深浅色对比使用，从而营造出姹紫嫣红、五彩斑斓的艳丽效果，是其典型的色彩风格，繁华热闹、富贵吉庆是其追求的色彩品质。五颜六色的点染给剪纸艺术注入了强大的生命力，为这种悠远的艺术形式拓宽了表现空间。

图 15.2　单层染色剪纸

二、套色双层剪纸

随着生活水平的提高，人们对剪纸的需求从最初的简单装饰点缀发展到更大的范围，广灵民间剪纸开始拥有实用性、观赏性、艺术性、收藏性等价值。与此同时，广灵民间剪纸开发出了适合市场潮流化的套色剪纸。经过多年的研究创新，套色剪纸作品的形式上有进一步的改变，将单色剪纸和彩色剪纸相结合，多以阴阳纹为主，在单层染色剪纸的基础上再以单色剪纸线条为勾勒，如同工笔绘画的勾线一般，最后将两者拼贴在一起装裱完成。作品形式新颖、富丽堂皇，而且解决了剪纸不易保存的缺点。这种表现形式运用传统刀刻工艺和点染技术，但与传统剪纸所呈现的写意性不同，有国画中的工笔彩绘效果，也更具有写实效果（图15.3）。

图 15.3　套色双层剪纸

三、新写实套色剪纸

与传统剪纸不同，广灵新写实套色剪纸在造型设计方面有着目的性和计划性，使传统剪纸由二维空间走向了立体化的三维空间，剪纸作品如同西方绘画一般出现了阴暗光影。在制作过程中通过不同深浅层次的剪纸叠加出画面的黑白灰效果，作品栩栩如生。广灵多家剪纸厂都在生产制作新写实剪纸，通过机器制作，有的作品可达到15层，作品如同油画般，细看之下剪纸的痕迹清晰可见，用西方绘画中的明暗光影来表达对中国剪纸艺术新的理解和认识。画面注重对特定场景和人物精神面貌的刻画，作品的完整性进一步提高，具有很强的写实效果。

15.4　【内化】国家级非遗传承人的"剪纸人生"

张多堂（图15.4），广灵剪纸创始家族第四代传人、国家级非物质文化遗产——广灵剪纸代表性传承人、山西十大文化创新人物。为挖掘民间文化艺术"金矿"，他在没路的地方，硬是踏出一条属于自己，同时留给后人的路。

广灵剪纸作为中国传统民间剪纸三大流派之一，以其生动的构图、传神的表现力、细腻的刀法、考究的用料与染色、精细的包装制作工艺独树一帜，被誉为"中华民间艺术一绝"，在中国剪纸中占有重要地位。2009年，广灵剪纸作为中国剪纸的部分申报项目，被联合国教科文组织列入人类非物质文化遗产代表作名录。

1998年，张多堂拿出家中仅有的3 000元存款，购买了纸、笔、刀、蜡板、磨石等所有器具，由几个家人和几个剪纸爱好者组成了广灵剪纸星火团队，组建和注册了广灵剪纸文化艺术研究中心，一边挖掘、收集、整理；一边培训、设计、生产；一边向外跑，到处看，开动脑筋，拓宽思路，创新发展。结束了一家一户作坊式的生产模式，形成了从设计、刻制、染色到包装一条龙的经营规模，使广灵剪纸又重新绽放出艳丽的花朵，成为一朵惹人注目的艺术奇葩。

图 15.4　张多堂

张多堂把做大、做强广灵剪纸文化产业看作张氏剪纸创始家族后继传承人的一项责任和义务。他全力打造以广灵剪纸文化艺术研究中心为核心的产品研发基地、以广灵剪纸文化艺术发展有限公司为中轴的生产基地、以广灵剪纸艺术博物馆为窗口的产品展销基地、以大同市广灵剪纸职业培训学校为载体的人才培训基地。

时至今日，广灵剪纸文化产业园已成为以剪纸艺术为核心经营内容，集设计生产、展览销售、教学研究、旅游观光为一体的多功能文化产业园区。2018 年，广灵剪纸被文化和旅游部、工业和信息化部列入第一批国家传统工艺振兴目录，广灵县多堂剪纸文化产业园区有限公司被山西省科技厅列入 2018 年第一批科技型中小企业。

广灵剪纸创始家族第四代传人张多堂勇担重任，带头成立广灵剪纸文化艺术发展有限公司，建成了中国唯一的剪纸类国家级非物质文化遗产产业园区——中国广灵剪纸文化产业园区和中国首家剪纸艺术博物馆。广灵剪纸从研发、生产、包装、培训、观摩到销售，逐步形成了一条完整的文化产业链条。这为广灵剪纸走出山西、走向世界搭建起了一个平台。

参考文献

［1］赵辰昕.唱响：非物质文化遗产保护专家访谈录［M］.北京：中国发展出版社，2012.

［2］新春走笔——点燃的激情［EB/OL］.张家口在线，2012-01-20［2015-10-12］.

［3］年俗是这样"俗"起来的［EB/OL］.国学网，2011-01-30［2015-10-11］.

［4］猴年回味正在消失的民俗［EB/OL］.民主与法制网，2016-02-14［2021-05-11］.

［5］流行于中国民间的剪纸艺术［EB/OL］.中国国际广播电台国际在线，2008-12-04［2015-10-11］.

［6］"剪纸的历史".中华五千年［2015-10-11］.

［7］漫话剪纸艺术［EB/OL］.正北方网，2012-03-02［2015-10-11］.

［8］王英杰.走进连山［M］.北京：文化艺术出版社，2006.

［9］刘魁立，张旭.剪纸［M］.北京：中国社会出版社，2008.

［10］剪纸技艺：东方含蓄文化的体现［EB/OL］.中国经济网，2012-10-11［2021-05-11］.

［11］佚名.三晋非遗：广灵剪纸［J］.品牌研究，2019（3）：76-78.

［12］王小芹.广灵染色剪纸工艺特色及传承研究［J］.艺术评论，2017（4）：166-169.

［13］新闻直播间 https://tv.cctv.com/2017/12/14/VIDE8sdtwuzHjZcJY7hCzZ6C171214.shtml.

学习检测

单元 16

目营心匠——山西面塑

导学

　　闻喜花馍是山西运城闻喜地区独特的面食制作艺术与造型艺术相结合的一种特殊面塑艺术，集食用性与观赏性于一体，因其种类齐全、花样繁多、制作精美、构思巧妙获得美名，人称闻喜为"花馍之乡"。

16.1 【印象】初识花馍

　　花馍是"面塑"的民间俗称，不同的地区对花馍的称谓也不同，花馍、礼馍、面花、面羊、花供、面人人等都是不同地区对花馍的叫法。"花馍"作为最具文化魅力的特色面食，具有"舌尖上的美食、指尖上的艺术、心尖上的情节"的美称（图 16.1）。

　　花馍是民间传统节日或仪式过程中具有特殊造型和仪式功能的面塑食品，主要流行于黄河中下游的陕西、山西、河南、山东等省份。为了祈祷神灵和祭祀祖先，感谢大自然的恩赐，人们把日常面食做成动物、花鸟、瓜果等各色形状作为祭祀供品。

图 16.1　花馍制作

　　中国花馍制作历史悠久、质朴精美，蕴藏着丰富的文化元素和深厚的民俗内涵，承载着华夏民族对传统文化的认同，以及对美好生活的追求。花馍造型有繁有简，样式颇多，经过揉、搓、擀、捏、剪、扎等步骤，并用剪刀、梳子等常用工具进行修饰，最终定型。

　　花馍习俗主要体现在人们的祭祀仪式和庆贺活动之中，主要包括传统节日的祭祀和庆贺活动、人生仪礼，以及民间信仰中的供奉仪式。花馍作为民间艺术的类型，其特点是神圣性与艺术性结合，既具实用性，又有观赏性。

花馍的历史

16.2 【视窗】闻喜花馍技艺

　　闻喜县作为山西省中以花馍闻名的地区，已将花馍完整地融入自己的民俗文化中，对于闻喜人来说，花馍不仅仅是果腹之食，与他们的人生大事、节日是密切相关的。闻喜花馍经历历史时间的积累、沉淀，形成自己独有的功能体系，其中包括婚嫁之喜、寿诞之礼、殡葬之礼、节日祝福、乔迁之喜、房屋上梁等几种适用类型。

一、闻喜花馍的选材

闻喜花馍在选材之初，首要考虑尽量延长保存时间的问题；闻喜花馍需要的造型丰富多样，因此所选择的材质要有较好的延展性，可塑性必须很强，这也为闻喜花馍的选材缩小到一定的范围。因此在众多因素的制约下，闻喜人选择以优质小麦粉作为闻喜花馍的原材料。

制作一个完成的闻喜花馍，除使用大量的小麦面粉之外，还需要许多辅助材料来做装饰，如玉米面、红枣、黑豆等。闻喜花馍色彩的表现方式除现代的色彩颜料以外，可用于食品上色的就是食用色素，而在色素出现之前，用得较多的是麦芽糖染色。

二、闻喜花馍的制作工艺

闻喜花馍发展至今，制作手法特殊，从选材到成型，用 4 ～ 5 天，经过九大工序，即凝水、箩面、制酵、揉面、捏形、醒馍、蒸制、着色、插面花。花馍的制作过程与馒头的蒸制十分相似，但是更为细致，整体的工艺流程复杂而精细。闻喜花馍在制作的过程中使用的是普通的原料、工具，制作出的却是精美的民间工艺美术品。

1. 捏塑技艺

花馍的捏塑是整个制作工艺中最为重要的一步，其直接影响了花馍最终所呈现的造型与形态，因此，当地手艺人在进行这一步时都极其细致、认真，不能有半点马虎。花馍的捏塑技艺主要分为三个步骤，首先是准备工序，将提前准备好的面粉揉成面团，备用；其次是塑大型，将准备好的面团捏成所需花馍的大致形状，并制作花糕的糕底；最后是细节部分的塑造（图 16.2）。

图 16.2 花糕糕底制作部分步骤

2. 点彩技艺

细部塑造完成之后，便开始进行点彩装饰。在晋南闻喜地区，花馍根据是否点彩可分为素色花馍与彩花馍，素色花馍主要就是以面粉的本色为主要的色彩，不再进行色彩的点染，主要以一些辅助食材来装扮，如以黑豆装饰动物造型的眼睛。

在点彩这一过程中，使用的工具也比较多，有大毛笔、小毛笔、筷子、棉签等。例如制作刺猬形状的花馍，除需要用剪刀剪出刺猬身体的刺状之外，在点彩这一步骤上，细节部分是用小的签子或棉签，蘸着颜色点上去的，剩下的大面积都是用笔涂上去的（图 16.3）。

图 16.3 点染步骤图

3. 制作工具

闻喜花馍作为一种群体性的民间手工艺，是一种土生土长的艺术形式，工艺精细复杂，但是其使用的制作工具相比其他的民间工艺来说十分简单，经常使用的工具有剪刀、顶针、木梳、擀面杖、牙签等，多为大多数人日常生活所使用的一些简单工具，闻喜人使用生活中常见的工具制作出造型丰富的花馍。如龙凤花糕上的凤鸟形象，凤鸟的背部与羽毛皆是使用剪刀剪出鳞片般的羽毛，整体造型更加生动活泼（图16.4）。再如人们日常生活中的梳子是牡丹造型花馍制作所必需的工具之一，牡丹花造型花馍是手艺人将提前准备好的面团，利用刀具和擀面杖将其制作成大小相差无几的椭圆面片，然后利用梳子，按压出每一片花瓣的纹路，此处梳子的作用是对特定造型花馍的纹理塑造（图16.5）。

图16.4　闻喜花馍中剪刀使用示意图

图16.5　牡丹造型花馍

16.3 【欣赏】闻喜花馍作品

　　闻喜花馍作为集食用、观赏与礼仪为一体的工艺美术品，在闻喜花馍的体系中，花馍形态逼真、造型多样，有动物类的虎、鱼等，植物类的牡丹花、石榴、桃子等，闻喜人将不同造型的花馍分类，并赋予这些花馍功能性的意义，虽然不同的造型寓意不同，但是这些花馍是人们对美好生活向往的物化写照。

一、动物造型

　　动物造型的花馍是闻喜花馍起源的之一。在现当代闻喜人的日常生活中，动物造型出现较多的是用于闻喜人岁令时节、人生礼仪中的花馍，造型也多以十二生肖中的动物为主，如四龙八凤糕、龙凤糕、鱼跃龙门糕和用于婴儿诞生宴、满月宴的老虎花馍，老人过寿用的九狮同菊、五福捧寿等，此外，还有许多观赏类的动物造型，如孔雀开屏、马到成功等造型等，人们通过不同的动物造型，表达不同的审美寓意与美好祝福。

　　动物造型中常见的是龙凤造型，龙凤造型作为龙凤花糕中的点睛之笔，制作精细，造型逼真、神态多样。龙凤花糕（图16.6）主要分为四层，最底层是糕底，这一层是由白面和成的圆形面饼，第二层是云团点缀红枣，手工艺人用面团捏造传统云纹造型，再以红枣作点缀，第三层是糕面，糕面上饰以各类平面纹样（图16.7），如龙凤花糕上最常见的便是四龙八凤等吉祥的动物或类似牛郎织女的神话故事题材的人物，或是饰以并蒂莲、牡丹、石榴等含有吉祥意义的图案；第四层是各类立体人物，龙凤花糕的第四层中最重要的便是龙凤呈现，在中原文化中，龙被看作民族的图腾与象征，而龙凤具有阴阳相配、龙凤呈祥、成双成对之意，以此来祝愿新人百年好合。

图 16.6　龙凤花糕

图 16.7　凤鸟羽毛局部图

二、寿桃造型

闻喜人几乎家家户户只要有老人过寿，便会制作各种寿桃的造型，寿桃造型制作简单，但也需经过仔细刻画，有的还会在上面捏出寿字闻喜镇花馍展厅中，便有一只大的寿桃，上面还捏出了各种字体的寿字，然后烫金，名叫百寿桃（图 16.8）。

虎形花馍与
鱼形花馍

三、花馍盆栽

现在的闻喜人为适应现代社会的发展，不断改革创新，不再仅限于捏制岁令时节及人生礼仪、祭祀所用的花馍，还发展出了各种花样的花馍，闻喜花馍展厅中展出了许多符合现代社会的花馍，有花篮、花盆、盆栽、花盘摆件（图 16.9）等。这些复杂的花篮全是闻喜手艺人亲手捏出来的，并没有借助现代化的生产工具，其中花篮有玉米花篮、柿子花篮、辣椒花篮、石榴花篮等，种类繁多；一个大的花盆中插满了鲜花，并以绿叶装饰，花盆的周围还刻满了"福"字，这些现代的花馍大都造型精致，并且采用写实的手法绘就，色彩鲜艳丰富，造型生动别致，细节刻画逼真。

图 16.8　百寿桃花馍

图 16.9　花盘摆件

四、花馍玩具

为了适应市场的发展，闻喜地区的手艺人不再故步自封，开始开发和研究其他种类，如烤小花馍，方便保存，适合线上销售，还有的花馍采用浑身透白的小白兔造型，眼睛嵌上红豆，造型小巧精致，可供小孩子玩耍，还可以食用。除此之外，手艺人们还单独制作花糕上的局部装饰部分，如小的花、草、松鼠、虫、鸟、蝴蝶等。作为孩童玩具的花馍（图16.10）较其他类型的花馍而言，更加小巧精致。这些不同种类的闻喜花馍处处蕴含着闻喜人的智慧，寄托了闻喜人对生活的美好祝愿。

图 16.10   孩童玩具

16.4 【内化】花馍精神

一、闻喜人的身体力行

"闻喜花馍可以说是闻喜人的一种礼俗，闻喜人生下来就与馍结缘，生小孩要蒸火燆，一岁要蒸按腿、老虎，包括孩子成人后结婚要蒸龙凤花糕，老年人要蒸寿桃、寿糕，可以说不分大小礼节，只要办事，闻喜人就会用花馍作为载体，信情达意，表达自己的思想感情和人文交流，它是人生礼俗中必不可缺的一种礼品，也是一种食品"，这是闻喜文化馆馆长支建康在采访中提到的对于闻喜花馍的定位。

支馆长作为闻喜花馍的省级传承人，一直致力于闻喜花馍的保护与传承。2006年，在闻喜花馍协会与闻喜文化馆的支持下，以闻喜文化馆的名义向省级申报闻喜花馍为非物质文化遗产，取得成功。2008年，闻喜文化馆又向国家申报将闻喜花馍列入国家级的非物质文化遗产，自此，闻喜花馍在2008年被列入第二批国家级非物质文化遗产，2018年12月，再一次被纳入中国非物质文化遗产代表性项目名录。2019年，闻喜县文化馆获得"闻喜花馍"项目保护单位资格。为弘扬乡土文化，山西省在2020年12月发布的全国乡村特色产品和能工巧匠的名单中入选29个，其中董巧兰以闻喜花馍系列产品入选。

二、花馍展厅的记录

为了更好地传承与保护闻喜花馍，闻喜花馍协会与闻喜县文化馆在闻喜建立两个闻喜花馍展厅，一个位于闻喜县内的文化馆中，另一个位于闻喜县东镇上镇村村委会。闻喜县文化馆中的展厅中保存了部分闻喜花馍照片，以及许多制作学习闻喜花馍留影照，还有闻喜花馍的文献资料。闻喜县东镇的上镇村，被称为全国绿色小康村，是国家级环保生态村，花馍展厅位于道路顶头的村委会中，展厅中存放了近百件花馍作品，包含各种类型的花馍作品。

三、媒体传播助扬名

闻喜花馍在2006年第一次被列入省级非物质文化保护遗产，2008年被列入国家级非物质文

模块七

工艺之美

125

化保护遗产，这对闻喜花馍的保护与传承来说，是一种质的飞跃。在此之前，闻喜县文化馆就通过媒体的方式，宣传闻喜花馍，以达到闻喜花馍传承、保护的效果。2005 年 8 月 19 日，中央电视台国际频道的节目《让世界了解你》中，运城市市长与美国盐湖城市市长以国际线连线的方式，让闻喜的花馍手艺人刘红菊在电视台的录制现场制作闻喜花馍，闻喜花馍这是第一次在国际上发出耀眼光芒。10 月闻喜花馍传承人丁明炎制作的花馍获中国农业大学、山西省农业厅、运城市人民政府"名优展品奖"。央视二套的《消费新主张》中有时长二十多分钟的专题报道；央视四套的《中国新闻》、央视七套的《麦收故事会》《聚焦三农》《乡土》，以及央视十三套的《朝闻天下》《新闻直播间》等央视节目中记录并宣传了闻喜花馍。

四、政府支持为传承保驾护航

"闻喜花馍文化节"是在政府的大力支持下成功举办的，该文化节创造了面塑最大、最长等四项纪录（最高"龙王"、最长"飞龙"，最大花馍、最大面塑造像群像）。闻喜县在 2012 年，将花馍作为本地特色产业来发展，并作为推进农业现代化发展的重点工程之一。基于目的，在闻喜县政府的支持下，县妇联联合闻喜的十三个乡镇，组织妇女共同学习制作闻喜花馍，提升就业；开办花馍技艺培训班，并邀请当地技艺高超的老人为妇女传授花馍技艺。政府还扶持一批专业的合作社及公司来发展花馍艺术，如仙女专业合作社与卫嫂花馍有限公司等。闻喜县挑选多名优秀的花馍手艺人去国内较为优秀的花馍制作地参观学习。2019 年 7 月中旬，由中国侨联主办、山西省侨联、运城市侨联、运城学院艺术系协办中华寻根之旅夏令营，来自美国、意大利、加拿大 3 个国家的 70 多名学生，在国际文化交流品牌艺术展厅内，参观并学习山西的手工艺，其中包含花馍。

2006 至 2021 年，是花馍发展的黄金时期，闻喜花馍产业发展蒸蒸日上。

参考文献

[1] 搜狐网.运城花馍，感受指尖上的芭蕾舞！[EB/OL].https://chihe.sohu.com/a/633763980_121123874.

[2] 段彤彤.花馍习俗溯源及其变迁[J].艺术与民俗，2020（4）：63-67.

[3] 王莉莉.山西运城"闻喜花馍"研究[D].南京：南京艺术学院，2021.

学习检测

模块八

艺术之美

模块导图

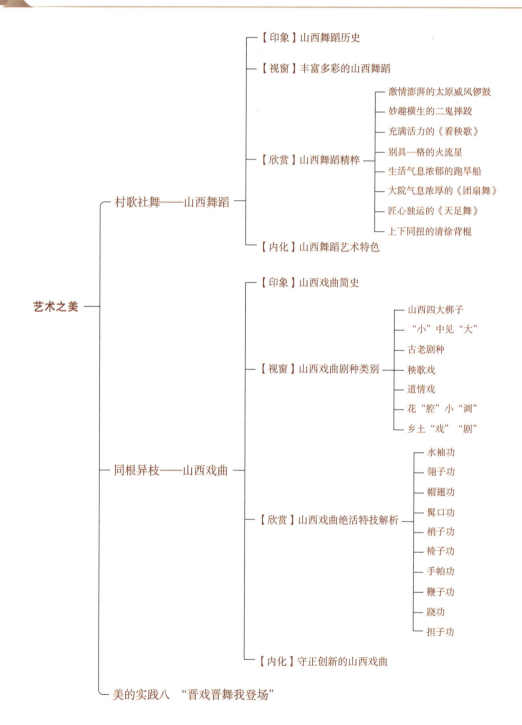

艺术之美

村歌社舞——山西舞蹈

- 【印象】山西舞蹈历史
- 【视窗】丰富多彩的山西舞蹈
- 【欣赏】山西舞蹈精粹
  - 激情澎湃的太原威风锣鼓
  - 妙趣横生的二鬼摔跤
  - 充满活力的《看秧歌》
  - 别具一格的火流星
  - 生活气息浓郁的跑旱船
  - 大院气息浓厚的《团扇舞》
  - 匠心独运的《天足舞》
  - 上下同扭的清徐背棍
- 【内化】山西舞蹈艺术特色

同根异枝——山西戏曲

- 【印象】山西戏曲简史
- 【视窗】山西戏曲剧种类别
  - 山西四大梆子
  - "小"中见"大"
  - 古老剧种
  - 秧歌戏
  - 道情戏
  - 花"腔"小"调"
  - 乡土"戏""剧"
- 【欣赏】山西戏曲绝活特技解析
  - 水袖功
  - 翎子功
  - 帽翅功
  - 髯口功
  - 梢子功
  - 椅子功
  - 手帕功
  - 鞭子功
  - 跷功
  - 担子功
- 【内化】守正创新的山西戏曲

美的实践八 "晋戏晋舞我登场"

模块目标

● **素质目标**

1. 提升学生对山西民间舞蹈、地方戏曲的感知能力、欣赏水平，培养学生对山西民间表演艺术的敏感度。

2. 增强学生对山西地域文化的认同感和自豪感，激发他们的文化自信。

● **知识目标**

1. 了解山西舞蹈的表演形式、类别及表演特点。

2. 了解山西戏曲的发展历史、剧种及艺术特色。

● **能力目标**

1. 具有山西舞蹈、戏曲作品欣赏能力。

2. 能对不同类型的山西舞蹈、戏曲作品进行分析和评价，理解其艺术特点和美学内涵。

 任务清单

每完成一项学习任务后，请在对应的方框中打钩。

课前预习	准备学习用品，预习课本相关内容	☐
	初步了解山西的民间舞蹈	☐
	初步了解山西的戏曲艺术	☐
课中学习	了解山西舞蹈的发展历史及表演特点	☐
	了解山西戏曲的发展历史、剧种及艺术特色	☐
	具有对山西舞蹈、戏曲作品的感知能力及欣赏能力	☐
课后实践	积极、认真地参与实践实训活动	☐
	主动参与优秀传统文化艺术的传承活动	☐
	提高艺术素养，能运用所学知识感悟身边的艺术美	☐

单元 17

村歌社舞——山西舞蹈

导学

　　丰富多彩的山西民间舞蹈正如山西陈醋一样，给人一种酸酸的味道，山西民间舞蹈用粗粮细作方法，展现着山西人独特的人文精神和情感表达方式，简单中显示着智慧、粗犷中流露着细腻，展现着山西人的气质与精神风貌，让我们一起领略山西民间舞蹈的独特魅力。

17.1 【印象】山西舞蹈历史

山西舞蹈历史

17.2 【视窗】丰富多彩的山西舞蹈

　　据不完全统计，山西的民间舞蹈共有 234 种，大致可分为秧歌类、锣鼓类、彩灯类、车船类、花鸟类、拟兽类、武技类、神鬼类和其他类。

1. 铿锵威风的鼓舞

　　在山西众多的舞蹈形式中，当属锣鼓类的舞蹈最多，舞者运用各种形态的锣鼓创造出不同的舞蹈样式，伴随着明快强烈的节奏，跳出矫健、勇猛的舞蹈，给人以积极向上的昂扬气势。舞中，鼓不仅是舞的音乐伴奏，而且是舞者的道具，随着鼓的形状不和击打方式与动作形态的差异，同时形成了各种不同的舞蹈风格和特点。

　　鼓舞主要有流行于山西洪洞、霍县、汾西一带，如流行于太原地区的威风锣鼓（图 17.1），流传于晋南地区万荣、翼城一带的花鼓，流行于山西平定、盂县、昔阳、和顺等地的迓鼓等。

　　鼓舞舞蹈动作的主要特征是动作矫健、刚劲有力，有龙腾虎跃之感、展翅翱翔之势。急促的节奏、奔放的动律、挥洒的双臂、欢腾的舞步充分显示舞者激越奔放如飞似跃的气势，生动形象地表现出华夏民族的气质和神韵，体现出生活在黄河流域的儿女们激昂向上的精神风貌。

2. 变幻莫测的灯舞

　　灯舞主要以彩灯为主要道具，象征着人们对光明的向往和对美好的追求。表演时，人们用手或提、或挑、或头顶、或车推，利用夜间和灯的光影，组成各种变化多端的图案，给人以扑朔迷离、变幻莫测的感觉。灯舞有流行于山西长治一带的顶灯舞，还有流传于河津市的花灯舞和转灯舞、临猗县的七巧灯舞、灵丘县的云彩灯舞、晋城一带的九莲灯舞、运城一带的花篮灯舞，以及五台县的五女观灯舞等，这些灯舞都以载歌载舞的形式，通过各种步法、调度、队形、节奏的变化而形成特有的艺术特色，其主要以当地民俗节日的庆祝助兴表演为目的，来表达人们欢乐的心情和对未来美好生活的向往（图 17.2、图 17.3）。

图 17.1　太原威风锣鼓

图 17.2　山西沁源广场灯笼舞表演　　　图 17.3　山西歌舞团《红灯笼》舞蹈

3. 龙腾虎跃的拟兽舞

在民间舞蹈中，有源于原始图腾崇拜的拟兽舞，人们通过扮成龙、牛、虎、熊、马、狮、驴等吉祥动物形态进行舞蹈表演，借此来驱魔、祛瘟、祈福形成独具观赏性的扮演，表演时表演者运用扑、跳、腾、跌、滚、翻、蹦等动作，既有力的角逐，又有技巧的较量，更有扮演的模仿，给人以无限的想象力，表达人们对生活的热情。

拟兽舞主要有龙舞、狮子舞、跑竹马、跑驴、刘海戏金蟾等。这类舞蹈在山西各地普遍存在，特别是在一些开业庆典和民俗节日时都会进行表演，给人以独特的艺术享受。

4. 如诗如画的花鸟舞

在山西民俗舞蹈中，借花、鸟、鱼、虫等动物、植物形象，以拟人化的手法，借物抒情，或移情于物地抒发人们的思想情感的民间舞蹈，有被喻为品德高洁的《荷花舞》，有比作爱情的《蝴蝶舞》，有被喻为长寿的《鹤舞》、喻为祥瑞的《凤舞》以及寓意深刻的《丹凤朝阳》等。

花鸟舞有一种如诗如画的美感，通过这些动植物的拟人化，表达人的情感，让人在欣赏中感受到人的情感，从而在形式上给人以美的享受。

5. 虚幻迷离的神鬼舞

神鬼舞以神仙、精灵、妖魔、鬼怪的面目出现，是一种曲折地反映人们的意愿、向往、爱憎、情感的宗教祭祀舞蹈，有《八仙庆寿》《跪鬼》《神婆舞》《五鬼闹判》等，其内容多出自神话传说，表演形式简单、古朴，表演时舞者戴着各式面具，有的伴着古老的祭祀礼，有的伴着音乐伴奏，进行特定的舞蹈活动。此类舞蹈具一定的仪式感，充满神秘感，它源于古代的巫文化和傩文化，表达着人们对自然和神灵的崇拜，也是人们寄托信仰的一种方式，它在敬天地、精灵的同时，也具有一种娱人的功能。

6. 技巧高超的武技类舞蹈

武技类舞蹈是具有武术、杂技性质的民间舞蹈，常见的有《霸王鞭》、《刀舞》、《剑舞》、《背棍》（图17.4）、《撅棍》、《铁棍》、《高跷》等。这类舞蹈比较注重手中器械的舞动及个人技巧的发挥，既有舞蹈的节奏韵律，又有武术精湛的技艺，它们常出现在民俗的重大节日之中，比如过年、正月十五、八月十五等这些农闲之节，这些舞蹈充满着人民的智慧，它们借鉴戏曲舞台人物、故事，进行不断的更新发展，抒发着丰收的喜悦和参与的快乐。用各种技术技巧尽兴地表现着自己的与众不同和对生活的乐观态度。

图 17.4　太原背棍

7. 形态各异的其他类舞蹈

其他类舞蹈因舞蹈形式各异，个性特征又较为明显，因而归结为其他类舞蹈，主要有《二鬼摔跤》《张公背张婆》《火流星》《小花戏》《大头和尚戏柳翠》等。这些舞蹈以妙趣横生的生活气息，充满着戏谑调笑和诙谐幽默的情调，既有反映劳动生活的，又有饱含讽喻意味的，还有富有哲理思想的和寓意深刻的，让观者用笑的方式尽情地释放着生活的压力，表演过程中有的还不时地与观众互动、嬉闹，具有浓厚的生活气息。

8. 旖旎妙趣的车船类舞蹈

车船类舞蹈主要是利用依照车、船、轿等交通工具或椅子、箱子、杠子等生活用具的形状制作而成的道具进行表演的舞蹈。舞者装扮成各种人物，以形体动作和表情，幽默诙谐地表演以日常生活为内容的故事，有《独龙杆》、《刘三推车》、《独杆轿》、《扛箱》、《跑旱船》（图17.5）、《挑椅舞》等，充满着浓郁的生活气息，也是逢年过节大型演出活动中街头表演的重要节目内容。

9. 丰富多彩的秧歌类舞蹈

山西是戏曲的摇篮、民歌的海洋。秧歌类舞蹈是山西传统的民间舞蹈中数量最大、样式最多、流传最广的一个种类，大多载歌载舞，以舞为主，如《八大角秧歌》、《踢鼓子秧歌》（图17.6）、《白店秧歌》、《跑场秧歌》等。也有一部分是侧重于歌的舞蹈，如《伞头秧歌》（图17.7）、《挑高秧歌》等，表演人数少则两三人，多则数百人，以步法和形体的扭动，加以队形的变化为主。

图 17.5　太原非遗跑旱船

图 17.6　神池踢鼓子秧歌　　　　　　　图 17.7　临县伞头秧歌

10. 别具特色的"黄河派"舞蹈

山西的舞蹈经过几代专业人员的不懈努力，在山西丰富的民俗民间舞蹈基础上，经过艺术的提炼和不断探索，形成了具有山西特色的舞蹈风格"黄河派"舞蹈，其主要标志是 20 世纪 80—90 年代的山西省歌舞团推出的黄河三部曲《黄河儿女情》《黄河一方土》《黄河水长流》。这三部作品在全国引起了强烈的反响，将山西丰富的民歌曲调运用到舞蹈的音乐之中，把黄土地上的人们浓厚的生活热情和炽热的生活热情用歌舞的方式生动地用表现出来。这些舞蹈是山西艺术舞蹈的第一次深刻认识本土文化价值的一种自觉践行，也是山西民间丰富的村歌社舞的一次艺术升华，在这次艺术实践中，山西丰富的民歌素材也为舞蹈的创作提供了无限的想象空间。

11. 新时代的舞蹈开拓

新时代以来，山西的舞蹈在继承"黄河派"舞蹈的基础上，在舞蹈表现的题材上又得到进一步开拓，涌现出一批表现晋商文化、大院文化题材的精品力作，如《一把酸枣》《解放》《粉墨春秋》等，不仅获得了多项大奖，还成功入选国家艺术精品工程，使山西舞蹈在继承"黄河派"舞蹈精髓的基础上，把山西的舞蹈推向了一个新的高度。

17.3 【欣赏】山西舞蹈精粹

一、激情澎湃的太原威风锣鼓

在第十一届亚运会开幕式上，太钢威风锣鼓队大放异彩，声名远播，被誉为"中国第一鼓"。从此，太原威风锣鼓在原先的传统演奏基础上逐步成为一种以鼓、大铙、大钹演奏的样式

（图17.8）。特别是近年来，影响较大的太钢锣鼓队、太重锣鼓队、清徐西谷威风锣鼓队，完全采用的是"大家俱"演奏，但在原有的锣鼓点和演奏样式上更趋于舞蹈化和可视化。

铙与钹的对抗和较量成为太原威风锣鼓的一个重要看点，恰似势均力敌、两军对垒而誓要决一胜负的场面反映出山西人不屈不挠的精神。

图17.8　富有时代感的太原威风锣鼓

二、妙趣横生的二鬼摔跤

二鬼摔跤是一人背驮着二鬼摔跤道具而进行表演的传统民间舞蹈，是历史悠久的传统民俗娱乐方式。表演时，表演者背驮二鬼摔跤道具，通过表演者腿、背、臂等综合协调动作，给观众以两个"鬼"在摔跤时的外观表现。这种传统民间舞蹈已流传上百年（图17.9）。

通该舞蹈过道具的巧妙运用，一人饰二角的表演妙趣横生，充满着劳动人民的智慧。

图17.9　二鬼摔跤

三、充满活力的《看秧歌》

《看秧歌》（图17.10、图17.11）是《黄河儿女情》中的舞蹈片段。作品运用祁太秧歌《看秧歌》的音乐伴奏和变形夸张的舞蹈动作结合，活灵活现地表现了憨态可掬的农村女娃，结伴去看秧歌的情形和中途遇雨时的神态，青春气息扑面而来，令人回味无穷。

作品吸收了民间歌舞小戏的特点，作品把握住了黄河流域浓厚的文化特征及山西人民独特的精神气质和民风民俗，蕴含了山西舞蹈的风貌、情调、韵味，作品紧紧抓住"看"这个环节，"喜看、惊看、羞看、怒看……"多种情绪，以生活中的动作为基础，加以极度的夸张变形，在舞蹈化、舞台化的过程中，突出了"丑美、俗美"的艺术风格，该舞蹈曾于1988年入选中央电视台春节联欢晚会，成为广大观众喜爱的舞蹈作品。

图17.10　山西歌舞团创作的舞蹈《看秧歌》1

图17.11　山西歌舞团创作的舞蹈《看秧歌》2

四、别具一格的火流星

火流星流行于太原晋源地区，也称"耍火炭""火蛋舞"，它由舞者将一根绳索横放于颈后，手握绳中央，绳头两端各系彩珠或小碗状的铁丝笼头，内装木炭或棉絮浸油后点燃，舞起来像两个火球在夜空中旋转飞舞，故称"火流星"（图17.12）。

火流星将武术、杂技和锣鼓结合在一起，表现出对生活的一种积极向上的态度，也寄托了希望生活过得红红火火的希望。近年来在火流星的表演中还增加了脚踏滑轮、滑板的火流星表演形式，使年轻人能够积极地参与技艺的传承与学习。2008年晋源火流星列入国家级非物质文化遗产名录。

图 17.12 太原晋源火流星

五、生活气息浓郁的跑旱船

旱船是从渔舟脱胎而来，一种女舞者腰间如坐船状，另一男舞者手持船桨，两人合舞，如行船于水面，边歌边舞，一般表现劳动或爱情生活。这一民间舞蹈形式历史悠久，唐代即已流行，《太平广记》记载："唐玄宗在东洛，大酺于五凤楼下，命三百里内县令、制史，率其声乐来赶阙者，或调令较其胜负面赏罚焉……山车、旱船、戏马、斗鸡……夜阑，即遣宫女于楼前歌舞以娱之。"（图17.13）

南方有龙舟，因为北方缺水，所以聪明的北方人就利用这种舞蹈形式来表达对水的渴望，抒发对美好生活的向往，表演形式多以结队前进，在前进中跑出各种各样的活动队形和图案，形成各种各样的套路，也十分吸引观众。

图 17.13 跑旱船

六、大院气息浓厚的《团扇舞》

《团扇舞》是《一把酸枣》中具有代表性的女子群舞之一（图17.14、图17.15）。该剧是由山西艺术职业学院华晋舞剧团创作演出的一部大型原创民族舞剧，是中国舞剧史上第一部反映晋商文化、演绎晋商爱情生活的舞剧。2006年入选2005—2006年中国舞台艺术精品工程十大精品剧目。

图 17.14 山西艺术职业学院舞剧
《一把酸枣》之《团扇舞》1

图 17.15 山西艺术职业学院舞剧
《一把酸枣》之《团扇舞》2

《团扇舞》是用团扇作道具，以山西晋中地区民歌《夸土产》为基调创编的欢快民间音乐，以轻盈婀娜的舞姿表现过去富家小姐的纤纤之姿、款款之态。"巧笑情兮，美目顾盼，一步三停，流连生秀。"把大院媳妇的小脚女子形象惟妙惟肖地表现出来了。

七、匠心独运的《天足舞》

山西说唱剧《解放》是由山西戏剧职业学院和山西华夏之根艺术团创作演出的一部新创舞台剧。该剧对舞蹈表现形式进行创新，以脚为"戏胆"，编创出《天足舞》。《天足舞》表现缠足前少女们天真烂漫的状态和蓬勃的生命力，近百位女演员整齐地躺在舞台上，脚丫随着音乐整齐地舞动。

以足当手的舞蹈元素，把各种足的舞蹈语汇汇聚成美的享受。把晋商文化和山西艺术巧妙结合，在给人以艺术美的同时又使人无不为女子的命运生怜。

八、上下同扭的清徐背棍

清徐背棍是山西省太原市清徐县民俗，是一种具有地方特色的民间舞蹈艺术形式，国家级非物质文化遗产之一，其历史可以追溯到明代嘉靖年间，至今已有数百年的历史。它将传统戏曲、舞蹈、杂技等元素融合在一起，表演者通常是一个成年人背后竖着一根铁棍，上面背着一个小演员，随着音乐的节奏一起舞动。需要上下两位演员密切配合，讲究动作的协调和一致性，同时还需要具备一定的舞蹈和杂技技巧，通常在节日、庆典等场合进行表演，增强喜庆热闹节日氛围（图17.16）。

图 17.16　清徐背棍

17.4 【内化】山西舞蹈艺术特色

山西舞蹈艺术特色

学习检测

同根异枝——山西戏曲

导学

　　山西被称为"民歌的海洋、戏曲的摇篮"。在上千年的戏曲长河中，山西戏曲源远流长、历史悠久。尤其是近百年来，山西戏曲名家辈出，剧种众多，四大梆子闻名全国。山西戏曲经典剧目浩如烟海、灿若星辰，"打不完的金枝，算不完的粮"，家喻户晓，妇孺皆知。经由一代代演员有序传承，水袖、翎子、髯口、帽翅等绝活特技表演享誉全国。进入新时代，山西戏曲艺术继续走在守正创新、继承发扬之路上，学习、了解山西戏曲文化知识，有助于传承民族文化、坚定文化自信。

18.1 【印象】山西戏曲简史

山西戏曲简史

18.2 【视窗】山西戏曲剧种类别

　　山西戏曲剧种丰富，最多时达 50 余种。2017 年《全国戏曲剧种普查报告》显示，目前，山西共有 38 个剧种。除去"山西四大梆子"、三个外省剧种（京剧、豫剧、曲剧），还有 31 个稀有剧种。这些剧种常年活跃在舞台上，散布于三晋大地表里山河间，共同组成了山西戏曲版图。

一、山西四大梆子

1. 蒲剧

　　蒲剧，又名蒲州梆子，约于明末清初起源于古蒲州（今永济一带），至今已有四百年左右历史，主要流行于山西临汾、运城和河南三门峡及周边"黄河金三角"地区。

　　蒲剧是在明代戏曲新声腔梆子腔的基础上，融合晋南一带民间社火等表演艺术逐渐演变发展为一种以梆子腔为主声腔的戏曲剧种，是山西梆子戏的母体。

　　蒲剧素以各种绝活特技享誉梨园，共包含有 30 余种难度较高、观赏性较强的表演特技。在不同历史时期，《徐策跑城》《挂画》《表花》等蒲剧技巧性表演剧目纷纷被全国各大剧种移植上演。

视频：蒲剧
《辕门斩子》

蒲剧常演剧目多为多场次整本大戏，传统剧目共有 500 多出，以唱功戏、做功戏为多。蒲剧剧目多为表现忠奸斗争、忠孝节义、爱情故事、劝善教化等内容，擅长表现慷慨悲壮的历史袍带大戏，代表剧目有《薛刚反朝》《麟骨床》《三家店》《春秋笔》《忠义侠》《蝴蝶杯》《火焰驹》《意中缘》《少华山》等。

2. 晋剧

晋剧，又名"山西梆子""中路梆子"，进入现代后正式定名为晋剧，主要流行于山西的中部与晋北地区、内蒙古的大部分地区及河北的张家口与井陉、陕西的榆林等地。

晋剧历史悠久，大约孕育形成于明末清初时期。关于晋剧的起源，主要说法为山西晋南一代的"蒲州梆子"蒲剧传到山西晋中一代，尤其是在汾阳、平遥、介休、孝义等地，受到当地方言和民间艺术的影响，逐渐演变发展而来。

视频：晋剧《曹庄劝妻——吃面》

晋剧在清代中后期，尤其是在清道光时期，已经发展形成一个完善独立的戏曲剧种。尤其是在清末民初，大批晋剧艺人走出山西，途经河北进京献艺，将晋剧传播到了北京、河北等地，并在传播的过程中，晋剧得以与京剧、河北梆子等剧种互相交流，也汲取了京剧、河北梆子等艺术的营养。

视频：晋剧《打金枝》

在 20 世纪上半叶，晋剧进一步蓬勃发展，涌现出了丁果仙、牛桂英、郭凤英、冀美莲、程玉英、马兆麟、乔国瑞等一大批优秀演员，他们对晋剧的唱腔和表演都进行新的创造，从不同方面推动了晋剧的进一步发展。同时，以丁果仙为代表的女演员登上晋剧舞台，"巾帼不让须眉"，"巾帼演须眉"，也标志着晋剧进入一个新的发展阶段。此时期是晋剧发展史上的一个黄金时代，不仅名家辈出，而且剧目丰富，《打金枝》（图 18.1）、《算粮》（图 18.2）、《小宴》、《教子》等传统剧目已日趋成熟，在三晋大地上广为流传。

图 18.1　晋剧《打金枝》剧照
（主演：谢涛、成凤英、武凌云）

图 18.2　晋剧《算粮》剧照
（主演：李小菲、王丽、康俊杰）

到了现代，晋剧迅速进入一个全新的历史发展时期。1952 年，经过整理改编的晋剧《打金枝》《蝴蝶杯》等剧目应邀参加第一届全国戏曲观摩演出大会，晋剧以全新的面貌在全国舞台上亮相。1955 年，晋剧《打金枝》被长春电影制片厂拍摄为黑白戏曲艺术片。

改革开放以来，《三关点帅》《打神告庙》《崔秀英》等剧目先后被摄制为电影、电视艺术片，《富贵图》（图 18.3）、《小宴》等剧目被全国各大戏曲院团移植演出。

图 18.3　晋剧《富贵图》剧照
（主演：苗洁、杜玉丰）

21世纪以来，诞生了以《傅山进京》为代表的一大批优秀剧目，展现出晋剧百年不衰的艺术魅力。

3. 北路梆子

北路梆子约于明末清初由蒲剧北上发展演变而来，主要流行于山西古忻州和古代州（今忻州）、雁北、塞北一带，因此又被称为"北路戏""代州梆子""雁剧"，在现代正式定名为北路梆子。

北路梆子《双枪陆文龙》　北路梆子《王宝钏》

北路梆子属于梆子腔剧种，多种板式直接来源于蒲剧。在清乾隆时期，北路梆子已发展成为独立剧种。清嘉庆时期以后，北路梆子已有专业班社出现，并成立了专业科班。

清同光时期至抗日战争爆发前，北路梆子盛极一时，班社遍及晋北、内蒙古、河北等地。当时曾流传有"生在蒲州，长在忻州，红火在东西两口（'东口'河北张家口、'西口'塞外地区），老死在宁武朔州"的戏曲谚语，由此足见北路梆子流布范围之广。

北路梆子的最大艺术特色是"激昂慷慨"，既体现在声腔上，也体现在剧目内容中。北路梆子声腔素以高亢、嘹亮著称，音乐节奏激越，自成一体的"咳咳腔"动辄洋洋洒洒数十句乃至更长，酣畅淋漓，这也符合塞外观众粗犷豪放的性格特征和审美习惯。北路梆子上演的剧目，无论是《金水桥》《四郎探母》《访白袍》《宁武关》等饱含家国亲情的历史袍带大戏，还是《血手印》等儿女情长的爱情戏，或是隐忍厚积、"守得云开见月明"的《王宝钏》《李三娘》《双官诰》等剧目，也都以"激昂慷慨"为感情基调，传达着台上人的喜怒哀乐，抒发着台下人的豪爽大气、隐忍豁达。

4. 上党梆子

上党梆子约孕育形成于明末清初，因主要流行于晋东南上党地区而得名，又因在古泽州（今晋城）一带盛行，又被称为"泽州调"。1934年，上党梆子至太原演出，时称"上党宫调"。至现代，方被命名为上党梆子。

视频：上党梆子《吴汉杀妻》

上党梆子为多声腔剧种，共有昆曲、梆子腔、罗戏、卷戏、二黄五种声腔，俗称"昆梆罗卷黄"。上党梆子唱腔包含板腔体、曲牌体两种，"五大声腔"中的梆子腔、二黄为板腔体，昆曲、罗戏、卷戏为曲牌体。上党梆子以梆子腔为主声腔，唱腔音乐高亢激越、委婉活泼。上党梆子以须生、青衣、花脸、武小生为主，演唱时男女同腔同调，男演员多用假声翻高8度演唱。

上党梆子传统剧目丰富，一些剧目为上党梆子所独有。上党梆子擅长演绎"杨家将戏"和"岳家将戏"，此类剧目数量众多，且多为连台本戏。"杨家将戏"主要有《闯幽州》《三关排宴》《天波楼》《雁门关》《董家岭》等，"岳家将戏"主要有《巧缘案》《夺秋魁》《举铁龙》《柴夫人》等。

二、"小"中见"大"

在山西戏曲剧种中，上党落子虽仅流行于晋东南地区，但是剧种传承发展和群众基础较好，影响力较大；二人台（图18.4）、碗碗腔、眉户三个剧种属于跨省剧种，流布区域涵盖了山西及周边省份地区，因此也有较大的影响力。

三、古老剧种

山西被称为"中国戏曲摇篮""戏曲之乡"，不仅保

图18.4　二人台《小康路上》剧照

（主演：张恒、李春霞、李美丽）

存了有大量金元以来的古戏台、砖雕、壁画等戏曲文物，还拥有一批古老剧种，主要包括扇鼓傩戏、赛戏、锣鼓杂戏、耍孩儿、高跷竹马戏等。这些古老剧种大多由迎神赛社演变而来，历史悠久，表演古朴，是研究我国古代戏曲演出的"活化石"。

四、秧歌戏

秧歌戏起源于古代劳动人民在田间地头劳作时所唱的俚曲歌谣，后与民间表演艺术相结合，逐渐发展为戏曲演出形式。秧歌戏主要分布于山西、河北、陕西等地，流行于山西各地的秧歌戏多以地域来命名，如祁太秧歌、沁源秧歌、太原秧歌、襄武秧歌、朔州大秧歌等，共有十余种之多，为全国秧歌戏剧种最多省份（图18.5、图18.6）。

图18.5　秧歌戏《归来》剧照
（主演：郭建雄、武融峰）

图18.6　沁源秧歌《搬迁奏鸣曲》剧照
（演出：沁源县秧歌剧团）

五、道情戏

道情戏为起源于"道曲""道歌"等道教说唱艺术的一种戏曲剧种体系，多采用道教音乐表现，演出剧目多为道教故事内容。道情戏分布于全国各地，多以地域命名。山西为道情戏剧种最多的省份，主要包含右玉道情、神池道情（图18.7）、临县道情、洪洞道情和河东道清等。

图18.7　神池道情《秘方》剧照
（主演：韩桂花、赵红）

六、花"腔"小"调"

在山西戏曲百花园中，还有一批以"腔""调"命名的稀有剧种，主要包括灵丘罗罗腔（图18.8）、浮山乐乐腔、晋中弦腔、孝义皮腔、河东线腔和平陆高调等，这些小剧种多集中于一县乃至更小范围内，闪耀在三晋大地上。

七、乡土"戏""剧"

在山西戏曲剧种中，还有一批以"戏""剧"命名的稀有剧种，这一类小剧种多为当地歌舞小戏，也是当地民歌民舞的综合体，主要包括左权小花戏、凤台小戏、芮城扬高戏、翼城琴剧等。

图18.8　灵丘罗罗腔《瓜田喜事》剧照
（灵丘县罗罗腔剧团演出）

18.3 【欣赏】山西戏曲绝活特技解析

戏曲绝活特技是一代代戏曲演员经过长期的舞台演出实践创造出的独特表演技艺，往往以精巧绝妙著称。这些绝活特技不仅能很好地塑造人物，而且以独特的表演形式带给观众精彩的视觉享受。在山西戏曲剧种中，拥有数十种绝活特技，尤其是水袖功、翎子功、帽翅功、髯口功、梢子功、椅子功、手帕功、鞭子功、跷功、担子功等早已成为山西戏曲表演艺术亮点。

一、水袖功

戏曲服装袖口处往往延伸出长长的白色袖子，长度不一，有的三尺[①]长，有的五尺长，后来发展到七尺、九尺，乃至一丈[②]。这种袖子多为纺绸材质，因其舞动起来像水一样流动，所以被称为水袖。

图 18.9　晋剧《打神告庙》剧照
（苗洁饰敫桂英）

水袖是传统戏曲服装的一个组成部分，但水袖也是戏曲演员的一种表演道具。人们用舞动水袖来表达内心的激动、愤怒、悲伤等，于是水袖发展为一门独特的表演技巧，这就是水袖功。戏中的水袖上下飞舞、左右飘逸，通过多变的造型与舞法，准确表达出主人公内心复杂的情感。

《打神告庙》一剧中的水袖功历来被人称赞。在《打神告庙》中，演员不断旋转挥舞水袖，将水袖舞动出多种造型，将剧中人敫桂英内心的愤懑、冤屈、痛苦表达得淋漓尽致（图 18.9）。

二、翎子功

翎子，又名雉尾，为雄鸡尾羽，多用作戏曲盔头装饰物。在戏曲中，翎子多用在吕布、周瑜、穆桂英、扈三娘等英武、勇猛人物的盔头上。翎子既可加强表演的舞蹈性，又能表达剧中人物的思想感情，并具有装饰性。

图 18.10　晋剧《小宴》剧照
（主演：李洁、王丽）

作为道具的翎子逐渐发展为一门独特的表演技巧，这就是翎子功。戏曲演员借助翎子的表演称为"翎子功""耍翎子"，千姿百态的翎子表演技巧对于展示人物内心活动具有渲染作用，极大丰富了戏曲表演中对人物内心世界的刻画，而且极具戏剧性、观赏性。

《小宴》一剧素以"翎子功"驰名剧坛。在《小宴》中，扮演吕布的小生演员，通过独特的翎子功技巧，将吕布遇到貂蝉时的激动心情表现得淋漓尽致，而翎子功也成为该剧的一大亮点（图 18.10）。

---

①　1 尺 = 0.333 米。
②　1 丈 = 3.33 米。

三、帽翅功

在戏曲中，文臣官帽上一般都有一对延展出的帽翅，是一种装饰物。戏曲演员利用帽翅的颤动来表达角色心理活动的表演，称为帽翅功。帽翅功，又名闪帽翅、耍帽翅、翅子功，需通过刻苦磨炼才能运用自如。

《徐策跑城》中有精彩的帽翅功展示。在《徐策跑城》中，演员为表达剧中人徐策欣喜若狂的激动情绪，帽翅先是左边摆右边停，后是右边摆左边停，最后双翅盘旋摆动，节奏鲜明，层次清楚，令人叹为观止。在《杀驿》《周仁回府》等剧目的演出中，帽翅功也有完美的运用。

四、髯口功

在戏曲中，由于髯口是象征男性胡须的一种夸张性的装饰，戏曲演员在表演时，可以利用髯口做种种身段动作用来刻画人物的情绪、展现人物的性格。在戏曲表演中，演员常常借助舞弄髯口的动作来展示人物的心情，久而久之，也就形成了一种戏曲表演技能，这就是髯口功，也叫作耍髯口。

髯口功的技巧有多种，其中有些是单项动作，有些可以组合在一起连贯使用，要与身段动作密切配合，才能表达人物的思想情绪。作为一项戏曲表演技能，髯口功适用于各戏曲剧种，但在山西戏曲剧种中运用得更多、更为充分，髯口功在《杀驿》《齐王拉马》《徐策跑城》等剧目中都有完美的展现。

五、梢子功

梢子，又名甩发，是戏曲中的人物表演时头顶上扎束的一绺长发。戏曲演员通过舞动梢子来表现人物的内心情感，这种表演便是梢子功，又称甩发功。梢子功多用来表现人物惊慌失措、悲愤交加、疼痛欲绝等激烈情绪，也可用于仓皇逃命、垂死挣扎等险恶情境。

戏曲中的梢子功是将人物内心情感外化的一种表现方式。在北路梆子《四郎探母》中，梢子功有完美的运用。扮演杨延辉的演员在塑造人物时充分运用了头上佩戴的梢子，通过跪拜佘太君时挥舞梢子的表演，将杨延辉十余年未能尽孝的愧疚、日夜思念母亲的无奈、如今见到母亲的激动等复杂心情淋漓尽致表现出来。精彩的梢子功、激昂慷慨的北路梆子唱腔，再加上演员相互配合的表演，将剧中佘太君、杨延辉之间的母子真情完整展现在观众面前。

六、椅子功

椅子本是戏曲舞台上常用的一种道具，戏曲演员常常借助椅子做出各种身段、动作，用以表现剧中人物的思想情感。久而久之，演员在椅子上做出各种繁难动作、身段，表现不同的生活情境和人物的情感神态，利用椅子进行的表演逐渐发展成为一种技巧程式，这便是椅子功。

椅子功的表演技巧有多种，主要有单腿跳椅、交叉跳椅、探海跳椅、旋椅等技巧程式，动作难度大，表演气氛紧张，多用来表现剧中人物的暴躁性格和激动情绪。椅子功可用在生旦净丑各行当人物中，在山西梆子戏《挂画》《杀宫》《斩黄袍》《黄逼宫》《通天犀》等剧目中都有精彩的展示。

七、手帕功

手帕，也称为帕子、手绢，本是戏曲表演中女性角色的一种表演道具。戏曲舞台上的手帕主要分为四角帕和八角帕两种。四角帕由绸质或纱质的单层面料制成，质地轻柔。与四角帕不同的是，八角帕为双层面料经过加工特制而成，手帕的八个角都镶有亮片，手帕中心部位有一内圈，这样也使八角帕有硬度、有质量，表演时便于发挥技巧。手帕功的表演技巧主要有转、抛、踢、弹、叼、托等，这也就是人们经常在戏曲舞台上看到的"耍手帕"，这种表演能起到美化舞台、渲染气氛、刻画人物的作用。

在蒲剧、晋剧等剧种中，"耍手帕"的表演在《喜荣归》《挂画》等剧目中运用得较多。比如《挂画》中，剧中的耶律含嫣巧妙地运用指顶平转、手拨倒旋、抛空飞舞、口叼等"耍手帕"的多种表演技巧，很好表现出了耶律含嫣活泼的性格和即将见到心上人时的兴奋状态。在二人台等歌舞小戏中，手帕的运用也很普遍，而且手帕加大，耍手帕的表演难度也越来越大。

八、鞭子功

戏曲中的鞭子，又称马鞭，在舞台上，一根小小的马鞭是马匹的象征。鞭子功便是利用马鞭的挥舞，配合演员的各种身段动作，用以烘托剧情、塑造人物的一种戏曲表演技巧。

鞭子功的表演技法主要有涮鞭、扬鞭、搂鞭探海、绕鞭、甩鞭、勒马、颤眼等。这些技法常常与牵马、上马、策马、勒马、下马、拴马等表演动作有机结合在一起，不仅把骏马奔腾、扬鞭驰骋等骑马场景表现得活灵活现，而且把剧中人物的心理活动、情绪变化展现得激情奔放，使鞭子功成为戏曲表演艺术中的常用特技之一。

在戏曲舞台上，鞭子功几乎在每个剧种中都有精彩的展示，尤其以山西梆子戏的鞭子功最具特色，在《贩马》《逃国》《观阵》等剧目中，鞭子功更是展现得淋漓尽致。

九、跷功

跷功是戏曲旦角演员的一项表演特技。所谓跷，指的是旦角演员在舞台上演出时穿的一种木制假鞋，也称跷鞋，鞋的形态尖而小，约三寸长，外面套有绣花鞋套。演出时，演员需要将跷鞋绑在脚上。绑完跷鞋之后，演员只能脚趾着地行走，脚跟悬空，这一点与芭蕾舞相似。因此，戏曲中的跷功也被称为"戏曲中的东方芭蕾"。

早年间，跷功在许多剧种中都很盛行，并涌现出很多擅长跷功的名家，蒲剧老一辈表演艺术家王存才便以跷功见长。王存才幼年便学习踩跷，平时在腿上绑着铁瓦、沙袋，踩跷跟着戏班赶路，练就了这门特技，他在演出《挂画》时就运用了跷功。时至如今，跷功依旧保留在山西戏曲经典剧目《挂画》中。

十、担子功

扁担是人们日常生活用具之一，在戏曲演出中有担水、担柴的表演，久而久之，这类以扁担为道具的表演逐渐成为一种表演特技，这便是担子功。

在神话故事戏《阴阳河》中，有一段担水的表演就充分运用了担子功的技巧，通过道具担子和水桶的巧妙运用，将女主角李桂莲挑水路上的过程表现得活灵活现，给人一种凄美之感。在晋剧传统剧目《折桂斧》中，有一段担柴的表演也恰当运用了担子功的表演技巧，在担柴下坡、过河的时候将担子功表演技巧充分展现出来。

18.4 【内化】守正创新的山西戏曲

　　自 21 世纪以来，山西戏曲的发展逐步回归本体，尤其是党的十八大以来，伴随着党和国家对戏曲文化事业的高度重视和大力扶持，山西省相继出台了《山西省人民政府办公厅关于实施山西省戏曲传承发展振兴工程的意见》《山西省中华优秀传统文化传承发展工程实施意见》"戏曲进校园""戏曲进乡村"等多项政策法规，为山西戏曲的发展注入了"强心剂"。

　　戏曲传承发展创新以演员为主体，其核心是"出人出戏"。自党的十八大以来，山西戏曲多管齐下，共同谱写了"出人出戏"新篇章。

　　迎着党的二十大春风，在党和国家大力扶持发展戏曲艺术的时代背景下，山西戏曲将继续整合资源，蓄势待发，以守正创新为指引，努力传承发展山西戏曲，为振兴山西戏曲、再现山西戏曲雄风而奋勇前行。

守正创新的
山西戏曲

学习检测

美的实践

"三晋之美我体验"

实践情景描述

亲身感受被称为"三晋之美"的地方。深入了解三晋文化，探索山西省丰富多样的自然风光景观和独特的历史文化遗迹。

参观山西省的名胜古迹，如平遥古城和壶口瀑布。平遥古城是中国现存最完整、最有特色的古代县城之一，具有悠久的历史和独特的城市规划。你可以漫步在古城的狭窄街巷中，欣赏明清时期的建筑风格，感受古老的氛围。壶口瀑布是中国著名的大瀑布之一，水势汹涌，气势磅礴，给人以震撼的视觉体验。

"人说山西好风光，地肥水美五谷香，左手一指太行山，右手一指是吕梁，站在那高处，望上一望你看那汾河的水呀，哗啦啦流过我的小村旁"，郭兰英老师的这首歌《人说山西好风光》，唱出了山西的地形构造，也唱出了山西的壮美风光和人民的富足生活，如今，越来越多的游客来山西祈福拜佛、走近晋商、探寻古建、缅怀红色历史、寻根祭祖、畅游黄河峡谷，不论出于什么理由，山西都已成为大家外出旅游的必达目的地之一。

通过领略山西省的独特之美，体验其丰富的文化遗产和自然景观，感受这个历史悠久的地方带给你的震撼。

学习目标

知识目标	1. 了解山西历史文化特征及题材表现； 2. 理解山西与历史文化之间的关系
技能目标	1. 对山西表里山河具有一定的审美能力； 2. 拍摄时注意构图及色彩搭配，给人以美的享受
素质目标	1. 培养对山西优美风景的美感思维； 2. 培养善于沟通、能协作、高标准、重创意的审美素质； 3. 培养对中国优秀传统文化的兴趣及爱好，增强文化自信； 4. 树立对山西优秀传统文化自觉传承的担当意识

建议学时

2 学时。

一、活动思考

问题1：大美山西自然风光景观有哪些？

_____

_____

问题2：所选的山西自然风光景观有什么样的表现及特点？

_____

_____

问题3：所选的山西建筑具有什么样的历史价值及文化内涵？

_____

_____

二、活动实施

以个人为单位，拍摄一套以"自然美"或"生活美"为主题的摄影作品，用手机、相机拍摄均可。结合所学知识对摄影作品进行赏析并展示。

（1）学生以个人为组，并填写任务分配表，见表1.1。

表1.1 任务分配表

班级		指导教师	
组号	姓名	学号	任务内容

（2）查找相关资料，选择一套具有代表性的摄影作品（教材中介绍过的作品除外），对其进行赏析，并根据任务完成情况将表1.2填写完整。

表 1.2　个人任务参与记录表

项目名称			
组号		姓名	
任务内容			
任务完成 过程记录			

（3）指导教师根据表 1.2，对学生的完成情况进行评分。

三、活动评价与总结

活动过程多维评价表见表 1.3。

表 1.3　活动过程多维评价表

考核内容	评分标准	分值	自评	互评	师评
知识考核 （30%）	能对山西建筑及风景作品有深度的认知	10			
	能对摄影作品进行赏析	10			
技能考核 （40%）	具有主动学习、查阅资料的能力	5			
	能准确查找作品的相关资料	5			
	能进行拍摄并会使用拍摄功能	15			
	能按照拍摄要求完成摄影作品	15			
	能在拍摄时注意构图及色彩搭配	10			
	能完成项目任务，具有创新能力	10			
素质考核 （30%）	培养对摄影艺术的审美素质	10			
	具有环境保护意识	10			
总评 建议		合计			

"家乡山水我添彩"

实践情景描述

　　山西拥有悠久的历史和丰富的文化遗产，是中国历史上的重要文化中心之一，是中华文明的重要发源地之一。作为山西人，为山西独特的历史地位和文化的厚重而骄傲，"读万卷书，行万里路"，我们要走出课堂、走出家门，通过实践和亲身经历，丰富和深化所学知识，拓宽视野，增长见识。表里山河的三晋大地，有丰厚的历史、文化和自然景观，让我们亲临实地，领略山西独具一格的魅力和精神气质。

学习目标

知识目标	1. 了解山西独特的地理位置和丰富的自然资源； 2. 了解山西的悠久历史和厚重文化
技能目标	1. 能从南到北了解山西各地的历史地位； 2. 能熟练讲述 10 处山西景点的人文历史故事； 3. 能准确说出山西各地的风俗习惯； 4. 培养通过各种渠道拓宽知识面的能力； 5. 培养自觉学习、主动学习的能力
素质目标	1. 培养善于观察的学习习惯； 2. 培养热爱故土、热爱家乡的情怀； 3. 增强文化自信，培养文化认同感； 4. 培养敢于担当的使命感和责任感

建议学时

4 学时。

实践活动实施

一、活动思考

问题 1：你的家乡有什么自然资源呢？它对你家乡的发展起到什么作用？

_____

_____

问题 2：你去过的最好的旅游景点是哪里？它最吸引你的地方是什么？

_____

_____

问题 3：你知道山西哪些旅游景点与名人有关系？

_____

_____

问题 4：山西精神有哪些？其主要代表是什么？

_____

_____

二、思想提升

　　山西是华夏文明的重要发源地之一，拥有丰厚的历史文化遗产和自然资源。然而，山西的经济发展在全国却是倒数，在新时代，山西该如何来利用其厚重的历史和资源实现转型发展？你有什么建议和方法？

_____

_____

_____

_____

三、活动实施

　　活动实施见表 2.1。

表 2.1　活动实施

活动步骤	活动要求	活动安排	活动记录
任务流程： 任务确立 （课前自学）	1. 总结前期课程所学内容； 2. 进行前期实地游览考察； 3. 从了解家乡开始，夸夸我们的家乡美； 4. 以所在的地区为范围，自己最喜欢的景点是哪里？为什么？	具体活动： 　1. 成立学习小组，并进行具体分工； 　2. 通过交流，了解家乡，了解家乡的人文历史	
	1. 通过实地游览，了解家乡，梳理家乡的精神特点、人文故事； 2. 总结家乡地理位置等各方面的优势	具体活动：实地游览、观光调研	
	方案撰写规范： 　字数在 300 字以上； 　可就自己所了解的家乡情况进行撰写，可通过视频、图片等进行辅助说明	具体活动：撰写向外推介方案，制作展示 PPT	附表 1：项目方案制订

活动步骤	活动要求	活动安排	活动记录
任务实施： 讨论交流 （课中实践）	各小组以小组进行交流发言，讨论形成方案	具体活动：进行方案的展示及交流	附表2：小组汇报记录表； 附表3：小组讨论记录表
成果评价： 交流总结 （课中实践）	1.通过交流研讨，收集意见并再次修改方案； 2.形成书面报告，挖掘本地优势，为经济转型发展提出建议	1.自评、互评； 2.教师点评分析； 3.方案修改	附表4：活动过程多维评价表； 附表5：情景模拟评价表
实际应用： 社会实践 （课后扩展）	开展"我为家乡献言献策"社会实践活动	为家乡的经济发展和文化发展撰写书面材料	—

四、活动评价与总结

活动过程多维评价表、情景模拟评价表见附表4、附表5。

美的实践 三

"衣食用行我记录"

实践情景描述

　　山西是中华民族和文明的重要发祥地之一，悠久的历史文化造就了许多传统民俗，山西人民在这片热土上书写了数千年的史书。我们的祖先一辈一辈生活在这里，自给自足，繁衍生息，衣食住行也是多元生长、丰富多彩，形式各异、精彩纷呈。

　　法国人文学者苏珊娜对山西地域内的人文历史、民俗民风很感兴趣，决定到山西进行实地调研。在实地调研开始之前，她需要进行网络在线资料收集，广泛征集山西各地人民的特色衣食用行生活方式，发掘山西人民的生活之美。请以小组协作的形式参加此次在线征集，能够在深入了解家乡生活之美的同时，配合苏珊娜的研究，并且向全世界推广山西之美。

　　资料征集范围：山西人民传统及现代的衣食用行文化及风俗，例如山西地域内传统美食、陶瓷、刺绣、服饰等。展示内容需涉及名称、历史起源、工艺技艺、文化影响力等。以 PPT 形式展示。

学习目标

知识目标	1. 了解山西人民的生活之美； 2. 理解山西人民衣食用行与历史文化之间的关系
技能目标	1. 对山西人民的生活方式具有一定的审美能力； 2. 能熟练运用软件制作 PPT 并进行美化
素质目标	1. 培养对日常生活的美感思维； 2. 培养善于沟通、能协作、高标准、重创意的审美素质； 3. 培养对中国优秀传统文化的兴趣及爱好，增强文化自信； 4. 树立对山西优秀传统文化自觉传承的担当及保护意识

建议学时

　　2 学时。

实践活动实施

一、活动思考

问题 1：山西地区的生活美中有哪些特色衣食用行？

_____

_____

问题 2：小组所选的山西生活美具有什么样的艺术风格及特点？

_____

_____

问题 3：小组所选的山西特色衣食用行具有什么样的历史价值及文化内涵？

_____

_____

二、活动实施

以小组为单位，选择一个具有代表性的山西生活之美的形式，结合所学知识对该方面进行赏析，并制作成 PPT，进行小组汇报展示。

（1）学生自由分组，4～6 人为一组，并填写任务分配表，见表 3.1。

表 3.1 任务分配表

班级		组号		指导教师	
小组成员	姓名	学号		任务分工	
组长					
组员					

（2）查找相关资料，选择一个具有代表性的山西生活美之衣食用行的具体形式（教材中介绍过的作品除外），对其进行赏析，并根据任务完成情况将表 3.2 填写完整。

表 3.2 个人任务参与记录表

项目名称			
组号		姓名	
分工任务			
任务完成过程记录			

（3）指导教师根据表 3.2，对学生的完成情况进行评分。

三、活动评价与总结

活动过程多维评价见表 3.3。

表 3.3　活动过程多维评价表

考核内容	评分标准	分值	自评	互评	师评
知识考核（30%）	能对生活美有深度认知	15			
	能对生活美进行赏析	15			
技能考核（40%）	具有主动学习、查阅资料的能力	8			
	能准确查找作品的相关资料	6			
	能完成小组分工任务	6			
	能制作 PPT 并美化	6			
	具有良好的沟通、表达能力	6			
	PPT 汇报主题鲜明，具有创新能力	8			
素质考核（30%）	能培养对生活美的审美素质	10			
	具有良好的团队协作精神	10			
	具有保护并弘扬传统文化的意识	10			
总评建议		合计			

"晋善晋美我弘扬"

实践情景描述

　　红色文化资源是中国共产党艰辛而辉煌的奋斗历程的见证。党的十八大以来，以习近平同志为核心的党中央高度重视红色资源利用、红色基因传承工作。习近平总书记多次深入革命老区，参观、瞻仰、感悟和学习红色文化，宣扬红色精神，多次在革命旧址、红色土地以及各大会议上强调要"用好红色资源""赓续红色血脉"。

　　山西作为革命老区，红色文化资源历史悠久、数量众多、类型丰富、分布广泛。习近平总书记五年三次考察调研山西，给山西红色文化资源的保护、挖掘、利用和传承指明了前进方向，提供了根本遵循。在这方热土上，传颂着数不胜数的革命故事，这些故事生动阐释了中国共产党永远不变的初心使命和无比深厚的人民情怀，承载了党领导三晋儿女赢得民族解放的光辉历史。要深入挖掘山西红色文化资源的历史价值、时代元素、地域特色和精神气质，深刻把握红色文化，了解革命历史，感悟爱国主义精神，做好新时代红色基因的传承者、弘扬者和践行者。

学习目标

知识目标	1. 了解山西红色文化的发展历程； 2. 理解山西红色文化的历史价值和地域特色
技能目标	1. 对山西红色文化具有一定的感知能力； 2. 能熟练运用软件制作视频
素质目标	1. 培养对山西文化的美感思维； 2. 培养重逻辑、强沟通、善表达、能协作的综合素质； 3. 培养对山西本土文化的兴趣及爱好，增强文化自信； 4. 树立对山西红色文化自觉弘扬的责任意识

建议学时

　　2 学时。

实践活动实施

一、活动思考

问题 1：山西红色文化有哪些？

_____

_____

_____

问题 2：小组所选的山西红色文化具有什么特点？

_____

_____

_____

问题 3：小组所选的山西红色文化具有什么样的历史价值及文化内涵？

_____

_____

_____

二、活动实施

以小组为单位，开展"讲述革命故事　传承红色经典"主题活动，选择一个具有代表性的山西红色文化故事进行讲述，并制作成视频，进行小组汇报。

（1）学生自由分组，4 ~ 6 人为一组，并填写任务分配表，见表 4.1。

表 4.1　任务分配表

班级		组号		指导教师	
小组成员	姓名	学号	任务分工		
组长					
组员					

（2）每个小组填写视频拍摄脚本（表 4.2）。

表 4.2　视频拍摄脚本

故事名称							
组员							
序号	画面内容	景别	角度	运镜	旁白	音乐	时长

（3）各小组在课堂上演示视频并进行汇报，指导老师根据表 4.2，对学生的完成情况进行评分。

三、活动评价与总结

活动过程多维评价表见表 4.3。

表 4.3　活动过程多维评价表

考核内容	评分标准	分值	自评	互评	师评
知识考核（30%）	对山西红色文化有深度认知	15			
	理解所讲述红色故事的精神内涵	15			
技能考核（40%）	具有主动学习、查阅资料的能力	8			
	能够准确查找红色故事的相关资料	6			
	能够完成小组分工任务	6			
	能够制作视频并编辑	6			
	具有良好的沟通、表达能力	6			
	故事内容主题鲜明，具有创新能力	8			
素质考核（30%）	能体会红色故事所蕴含的情感内涵	10			
	具有良好的团队协作精神	10			
	具有自觉弘扬传统文化的责任意识	10			
总评建议		合计			

美的实践 五

"非遗宣传我争先"

实践情景描述

平遥国际摄影节始创于 2001 年，每年举办一次，使平遥古城独特的风貌、古朴的民风及形式多样的摄影活动交相辉映，在海内外产生了轰动效应。每年的平遥国际摄影节都会吸引来自海内外的众多游客，面对古城里琳琅满目的漆艺作品，请你以活动志愿者的身份，面向国际友人对平遥三宝之一的平遥推光漆器进行推广介绍，使他们了解平遥推光漆器的悠久历史及其精湛的髹饰技艺，喜欢平遥推光漆器特有风格及艺术美，并使之爱上中华优秀传统文化，借此弘扬传承我国非物质文化遗产。

学习目标

知识目标	1. 了解漆器风格类型； 2. 理解漆器装饰手法
技能目标	1. 能够发现并分析传统漆艺在现代生活中的应用案例； 2. 能针对山西平遥推光漆传统文化中的纹饰特性展开造型、色彩及风格分析
素质目标	1. 培养从客户需求分析出发的美感思维； 2. 培养对传统漆器的创新审美及应用意识； 3. 培养善于沟通、能协作、高标准、重创意的审美素质； 4. 培养对中国优秀传统文化的兴趣及爱好，增强文化自信； 5. 树立对山西传统文化及非遗技艺自觉传承的担当意识

建议学时

2 学时。

实践活动实施

一、活动思考

问题 1：山西平遥推光漆器有哪些艺术风格及特点？

_____

_____

问题 2：平遥推光漆器髹饰技艺是怎样的过程？

_____

_____

_____

问题 3：平遥推光漆器产品的类型有哪些？

_____

_____

_____

二、活动实施

以小组为单位，以平遥推光漆器技艺特点等为切入点，设计一个适合平遥国际摄影节使用的平遥推光漆器髹饰技艺推广活动，并制作成 PPT，进行小组汇报。

（1）学生自由分组，4～6 人为一组，并填写任务分配表，见表 5.1。

表 5.1　任务分配表

班级		组号		指导教师	
小组成员	姓名	学号		任务分工	
组长					
组员					

（2）查找相关资料，小组讨论并将创意过程进行展现、记录，并根据任务完成情况将表 5.2 填写完整。

表 5.2　个人任务参与记录表

项目名称			
组号		姓名	
分工任务			
任务完成过程记录			

（3）指导教师根据表 5.2，对学生的完成情况进行评分。

三、活动评价与总结

活动过程多维评价表见表 5.3。

表 5.3　活动过程多维评价表

考核内容	评分标准	分值	自评	互评	师评
知识考核（30%）	能对平遥推光漆器髹饰技艺有深度认知	15			
	能对平遥漆器作品进行赏析	15			
技能考核（40%）	具有主动学习、查阅资料的能力	8			
	能准确查找作品的相关资料	6			
	能完成小组分工任务	6			
	能制作 PPT 并美化	6			
	具有良好的沟通、表达能力	6			
	PPT 汇报主题鲜明，具有创新能力	8			
素质考核（30%）	能培养对非遗作品的审美素质	10			
	具有良好的团队协作精神	10			
	具有非物质文化遗产保护意识	10			
总评建议		合计			

"地上文物我保护"

实践情景描述

"五千年文明看山西"，山西是中华文明的发源地之一，山西境内古迹繁多、历史悠久、人文荟萃，历史文化遗产丰厚。作为历史文化与艺术的重要物质载体，山西古建筑更是代表了中华文明历史建筑的精华。

山西拥有丰富的古建筑资源，数量众多，分布广泛。其主要分布在大同、太原、运城、晋城等城市，以及平遥、乔家大院、王家大院等古城古镇。从寺观、庙宇殿堂、城池、民居、衙署到楼塔桥梁、陵墓以至石窟寺等，门类齐全，享有"中国古代建筑的宝库"之称。在这些众多古建筑中，许多古建筑保存相对完好，具有重要的历史、文化和艺术价值，对于保护和传承中国传统建筑文化起着重要作用。

山西的古建筑也是重要的旅游资源，吸引了大量游客前来参观和探索，成为旅游产业的重要支撑。

学习目标

知识目标	1. 了解山西地域的古建筑类型及艺术风格； 2. 理解山西古建筑与历史文化之间的关系
技能目标	1. 对山西古建筑具有一定的审美能力； 2. 能熟练运用软件制作 PPT 并进行美化
素质目标	1. 培养对古建筑的美感思维； 2. 培养善于沟通、能协作、高标准、重创意的审美素质； 3. 培养对中国优秀传统文化的兴趣及爱好，增强文化自信； 4. 树立对山西优秀传统文化自觉传承的担当意识及保护意识

建议学时

2 学时。

实践活动实施

一、活动思考

问题 1：山西地区有哪些著名的古建筑？

问题2：小组所选的山西古建筑具有什么样的艺术风格及特点？

_____

_____

_____

问题3：小组所选的山西古建筑具有什么样的历史价值及文化内涵？

_____

_____

_____

二、活动实施

以小组为单位，选择一个具有代表性的山西古建筑，结合所学知识，对该建筑作品进行赏析，并制作成 PPT，进行小组汇报。

（1）学生自由分组，4～6人为一组，并填写任务分配表，见表6.1。

表6.1　任务分配表

班级		组号		指导教师	
小组成员	姓名	学号		任务分工	
组长					
组员					

（2）查找相关资料，选择一副具有代表性的山西古建筑作品（教材中介绍过的作品除外），对其进行赏析，并根据任务完成情况将表6.2填写完整。

表6.2　个人任务参与记录表

项目名称			
组号		姓名	
分工任务			
任务完成过程记录			

（3）指导教师根据表 6.2，对学生的完成情况进行评分。

三、活动评价与总结

活动过程多维评价表见表 6.3。

表 6.3　活动过程多维评价表

考核内容	评分标准	分值	自评	互评	师评
知识考核（30%）	能对古建筑作品有深度认知	15			
	能对古建筑作品进行赏析	15			
技能考核（40%）	具有主动学习、查阅资料的能力	8			
	能准确查找作品的相关资料	6			
	能完成小组分工任务	6			
	能制作 PPT 并美化	6			
	具有良好的沟通表达能力	6			
	PPT 汇报主题鲜明，具有创新能力	8			
素质考核（30%）	能培养对建筑的审美素质	10			
	具有良好的团队协作精神	10			
	具有文物保护意识	10			
总评建议		合计			

美的实践 七

"精工细作我在行"

　　剪纸是中国最古老的民间艺术之一，作为镂空艺术的一种，它以简洁、精美的图案，以细腻的手法，给人视觉上透空的美感和艺术享受。儿时记忆里，家人会在过年时贴上一张张形色各异、精美镂空的窗花点缀节日的喜庆，现在虽然剪纸的窗花少了，但非遗剪纸依然在我们身边……

　　广灵剪纸以其独特的造型和精美的剪裁技巧而闻名。剪纸艺术可以追溯到西汉时期，最初用于祭祀和丧葬活动，，通过使用剪刀在纸张上剪出各种形状和图案。在创作过程中，剪刀的运用非常重要，平整的剪刀会带来更加精确的剪裁。广灵剪纸作品多样化，涵盖了动植物、人物、神话传说等各种题材。这些剪纸作品不仅体现了山西地区的传统文化，而且展现了手工艺术的独特魅力。广灵剪纸以其生动的构图、传神的表现力、细腻的刀法、考究的用料与染色、精细的包装制作工艺独树一帜，被誉为"中华民间艺术一绝"。

　　广灵剪纸文化产业园已成为以剪纸艺术为核心经营内容，集设计生产、展览销售、教学研究、旅游观光为一体的多功能文化产业园区，吸引了大量游客前来参观和探索，成为旅游产业的重要支撑。

◎ 学习目标

知识目标	1. 了解广灵剪纸文化特征及题材表现； 2. 理解广灵剪纸与历史文化之间的关系
技能目标	1. 对广灵剪纸的具有一定的审美能力； 2. 能具有熟练制作剪纸工序的能力
素质目标	1. 培养对建筑的美感思维； 2. 培养善于沟通、能协作、高标准、重创意的审美素质； 3. 培养对中国优秀传统文化的兴趣及爱好，增强文化自信； 4. 树立对山西优秀传统文化自觉传承的担当意识及保护意识

◎ 建议学时

　　2 学时。

实践活动实施

一、活动思考

问题 1：山西广灵剪纸有哪些制作工序？

_____

_____

_____

问题 2：小组所选的剪纸具有什么样的题材表现及特点？

_____

_____

_____

问题 3：小组所选的剪纸具有什么样的历史价值及文化内涵？

_____

_____

_____

二、活动实施

以个人为单位，选择一组具有代表性的山西剪纸，结合所学知识，对晋侯鸟尊原型及该剪纸作品进行赏析并制作，并进行汇报展示。

（1）学生以个人分组，并填写任务分配表，见表 7.1。

表 7.1　任务分配表

班级		指导教师	
组号	姓名	学号	任务内容

（2）查找相关资料，选择一幅具有代表性的广灵剪纸作品（教材中介绍过的作品除外），对其进行赏析，并根据任务完成情况将表 7.2 填写完整。

表 7.2　个人任务参与记录表

项目名称	
组号	
任务内容	
任务完成过程记录	

（3）指导教师根据表 7.2，对学生的完成情况进行评分。

三、活动评价与总结

活动过程多维评价表见表 7.3。

表 7.3　活动过程多维评价表

考核内容	评分标准	分值	自评	互评	师评
知识考核 （30%）	能对广灵剪纸作品有深度的认知	10			
	能对广灵剪纸作品进行赏析	10			
技能考核 （40%）	具有主动学习查阅资料的能力	5			
	能够准确查找作品的相关资料	5			
	能够制作剪纸	15			
	能够按照剪纸工序完成	15			
	能够装裱作品达到最终效果	10			
	能够完成项目任务，具有创新能力	10			
素质考核 （30%）	能培养自己对剪纸艺术的审美素质	10			
	具有文物保护意识	10			
总评建议		合计			

美 的 实 践 八

"晋戏晋舞我登场"

☁ 实践情景描述

　　山西戏曲、山西舞蹈种类繁多，它们宛若星辰，散布在三晋大地上，照耀和点缀着当地老百姓的日常生活，反映着他们的喜怒哀乐，见证着他们的悲欢离合。山西戏曲、山西舞蹈是山西人民的精神寄托，是当地的非物质文化遗产，也是独特地域文化艺术的集中体现。山西戏曲、山西舞蹈是山西重大节庆活动中的主角，请你以现场主持人的身份，将你所熟知的一个山西戏曲剧种或者一种山西舞蹈向观众进行推介，使他们深入了解山西戏曲、山西舞蹈的独特风格和艺术美，一起传承优秀民族文化、坚守文化自信。

☁ 学习目标

知识目标	1. 了解山西戏曲、山西舞蹈风格类型； 2. 理解山西戏曲、山西舞蹈艺术特色
技能目标	1. 能够发现并辨认日常生活中遇到的山西戏曲、山西舞蹈； 2. 能熟练掌握一个山西戏曲剧种或者一种山西舞蹈的艺术特色
素质目标	1. 培养从日常生活中所观、所感的艺术思维； 2. 培养对山西戏曲、山西舞蹈的艺术审美及应用意识； 3. 培养善于沟通协作、高质量、重创新的审美素质； 4. 树立对山西戏曲、山西舞蹈的文化自觉和使命担当意识； 5. 培养对优秀民族文化的兴趣及爱好，增强文化自信

☁ 建议学时

　　1 学时。

☁ 实践活动实施

一、活动思考

问题 1：你最熟悉的家乡戏是如何传承发展的？

_____

_____

问题 2：你最熟悉的家乡戏都有哪些艺术特色？

_____

_____

_____

问题 3：山西舞蹈的类型有哪些？

_____

_____

_____

问题 4：山西舞蹈有哪些艺术特点？

_____

_____

_____

二、思想提升

习近平总书记在给中国戏曲学院师生的回信中指出"戏曲是中华文化的瑰宝，繁荣发展戏曲事业关键在人"，殷切希望"广大师生坚定文化自信，弘扬优良传统，坚持守正创新，在教学相长中探寻艺术真谛，在服务人民中砥砺从艺初心，为传承中华优秀传统文化、建设社会主义文化强国作出新的更大的贡献"。你觉得山西戏曲在今后应该如何守正创新、传承发展呢？

_____

_____

_____

三、活动实施

活动实施见表 8.1。

表 8.1　活动实施

活动步骤	活动要求	活动安排	活动记录
任务流程：任务确立（课前自学）	1. 总结前期课程所学内容； 2. 看微课，学习山西戏曲、山西舞蹈风格类型； 3. 看微课，学习山西戏曲、山西舞蹈艺术特色	具体活动： 1. 成立学习小组，并进行分工； 2. 巩固前期学习内容，学习新知	
	1. 通过参加节庆活动对山西戏曲、山西舞蹈进行深入的了解； 2. 广泛收集山西戏曲、山西舞蹈信息，研究山西戏曲、山西舞蹈风格特色	具体活动：节庆活动现场调研	

活动步骤	活动要求	活动安排	活动记录
任务流程： 任务确立 （课前自学）	方案撰写规范： 字数在 300 字以上； 可就自己所熟知的一个山西戏曲剧种或者一种山西舞蹈进行撰写，可通过视频、图片等进行辅助说明	具体活动：撰写推广方案，制作展示 PPT	附表 1：项目方案制订
任务实施： 模拟汇报 （课中实践）	各小组以小组间互动采用情景模拟的形式进行方案汇报	具体活动：随机选择一个小组成员扮演观众，另一个小组成员扮演现场主持人，模拟情境，开展互动，进行方案的展示及交流	附表 2：小组汇报记录表； 附表 3：小组讨论记录表
成果评价： 交流总结 （课中实践）	通过上一环节汇报情况进行研讨交流，收集意见并再次修改方案	1. 自评、互评； 2. 教师点评分析； 3. 方案修改	附表 4：活动过程多维评价表； 附表 5：情景模拟评价表
实际应用： 社会实践 （课后扩展）	开展"晋戏晋舞传承有我"社会实践活动	将自己所熟知的山西戏曲、山西舞蹈介绍给亲朋好友，在实际生活中将方案逐步应用实施	

四、活动评价与总结

活动过程多维评价表、情景模拟评价表见附表 4、附表 5。

附　　录

附表 1　项目方案制订

小组成员		制订时间	
分工			
项目方案			

附表 2　小组汇报记录表

项目名称	
展示方式	
团队成员	
汇报人	
汇报材料	

附表 3　小组讨论记录表

序号	团队成员	创新之处	不足之处	改进意见

记录人：_____号小组

指标	评价内容	分值	自评	互评	师评
学习过程（70%）	能通过自学线上资源，完成自测	5			
	能按分工完成自己组的项目实施方案	5			
	能对自己的方案进行相关标注	5			
	能小组合作汇报分享自己组别的方案实施成果	5			
	能在教师提问后，给出适当的回答	5			
	在小组探究过程中，能与他人交流自己的想法，敢于创新	5			
	能正确指出其他组的方案实施中存在的问题，并提出解决方法	10			
	组内合作时能主动发现自己组方案实施的问题，并提出解决方法	10			
	能与组员合作修改方案	10			
	能根据各方意见，完善方案	10			
方案得分（30%）	最终方案完整翔实，成果呈现丰富	15			
	满意度	15			
行业专家指导					
总结					

附表 5　情景模拟评价表

组号	参加展示人数	评价		小组优良排序
		语言表达最好的学生	模拟效果最好的学生	

评价人：_____号小组　　　　　　□专家　　　　　　□教师　　　　　　□学生